Colección Támesis
SERIE A: MONOGRAFÍAS, 146

LA TERCERA CRÓNICA DE ALFONSO X:
«LA GRAN CONQUISTA DE ULTRAMAR»

CRISTINA GONZÁLEZ

LA TERCERA CRÓNICA DE ALFONSO X: «LA GRAN CONQUISTA DE ULTRAMAR»

TAMESIS BOOKS LIMITED

LONDON

DISTRIBUTORS:

Spain: Editorial Castalia. Zurbano, 39. 28010 Madrid

United States and Canada: Boydell & Brewer Inc., P.O. Box 41026, Rochester, N. Y. 14604, USA

Great Britain and rest of the world: Boydell & Brewer Ltd., P.O. Box 9, Woodbridge, Suffolk IP12 3DF, England

© Copyright by Tamesis Books Limited, London 1992

All Rights Reserved. Except as permitted under current legislation no part of this work may be photocopied, stored in a retrieval system, published, performed in public, adapted, broadcasted, transmitted, recorded or reproduced in any form or by any means, without the prior permission of the copyright owner.

First published in 1992 by Tamesis Books Limited, London

British Library Cataloguing-in-Publication Data
González, Cristina
La tercera crónica de Alfonso X: «La Gran Conquista de Ultramar». (Serie A: monografías)
I. Title II. Series
863
ISBN 1 85566 011 3

ISBN: 84-599-3277-X
Depósito Legal: M-9.857-1992
Printed in Spain by LAVEL
Polígono los Llanos, nave 6. Humanes. Madrid

for
TAMESIS BOOKS LIMITED
LONDON

I am indebted to Dean Murray M. Schwartz
of the School of Humanities and Fine Arts
of the University of Massachusetts
for his support
for the publication of this book

A Richard

PREFACIO

Este libro debe mucho a la generosa ayuda de varias personas e instituciones.

La Universidad de Purdue me ayudó a comenzar el proyecto. Los capítulos centrales del estudio los escribí con una beca del American Council of Learned Societies. La Universidad de Massachusetts me ayudó a acabar el trabajo.

Ruth Ghassemi me proporcionó libros e ideas constantemente. Delsey Thomas pasó el manuscrito a máquina con primor. John Keller y Harlan Sturm lo leyeron y me ofrecieron valiosas sugerencias. Alan Deyermond retocó la versión final con cuidado y agudeza.

Muchas gracias a todos.

CRISTINA GONZALEZ

Amherst, Massachusetts

INTRODUCCION

Este estudio tiene como tema *La gran conquista de Ultramar,* obra que siempre me intrigó, ya que las historias de la literatura española suelen colocarla en el capítulo de la literatura caballeresca. Cuando, en el último capítulo de mi monografía sobre el *Libro del cavallero Zifar,* esbocé una clasificación de las novelas de caballerías en dos períodos o estilos, el burgués y el imperial, pensé en incluir esta obra, pero, dándome cuenta de que, por una parte, no era una novela, sino una crónica, y, por otra, parecía pertenecer a un período o estilo diferente, no quise apresurarme y decidí dedicarle un trabajo posterior. Al emprender el proyecto, me encontré con más de lo que buscaba, ya que no sólo confirmé mi sospecha de que la *Conquista* pertenecía a un período o estilo diferente, el feudal, sino que, además, llegué a la conclusión de que había sido ideada por Alfonso X, lo que me obligó a estudiar a fondo las aventuras y obsesiones del Rey Sabio, a quien, como consecuencia, creo que llegué a conocer bastante bien. Escribir este estudio fue una experiencia interesante. Espero que leerlo también lo sea.

Para analizar la obra, la dividí en seis grandes secuencias narrativas, a las que dediqué los capítulos III-VIII del libro. Estos seis capítulos van precedidos por dos capítulos titulados «Historia y ficción» y «Alfonso X y *La gran conquista de Ultramar»,* y seguidos por dos capítulos titulados «Civilización y barbarie» y «*La gran conquista de Ultramar* y las novelas de caballerías hispánicas». A estos capítulos se añaden, aparte de la presente introducción y de una conclusión, dos apéndices informativos sobre los textos y los estudios de la obra, los cuales, según descubrí, son, en bastantes casos, poco conocidos y asequibles.

El capítulo I trata de la oposición entre historia y ficción, que considero un obstáculo para la comprensión de esta obra. El capítulo II versa sobre la relación de Alfonso X con la *Conquista*. La mayoría de los críticos creen que Sancho IV fue su autor debido a que los manuscritos 1187 y 1920 de la Biblioteca Nacional de Madrid le atribuyen la obra. Sin embargo, ninguno de los dos cubre el principio de la obra y el segundo dice que Sancho IV mandó buscar y concordar todos los libros que hablasen de las victorias de Ultramar a partir de la toma de Antiocha, lo que parece indicar que el relato de los hechos anteriores a esta victoria no fue obra suya. Esto coincide con lo que se manifiesta en el manuscrito 1698 de la Biblioteca Universitaria de Salamanca y en la edición príncipe (1503), que le atribuyen la obra a Alfonso X. Como, además, el Rey Sabio tenía más motivos históricos y literarios para emprender la redacción de la *Conquista* que el Rey Bravo, parece razonable suponer que el padre la comenzase y el hijo la continuase, acabándose posteriormente. Mi hipótesis es que Alfonso X ordenó la composición de la *Conquista* en los últimos años de su vida para promover la idea de una cruzada hispano-francesa con participación inglesa, expresada en sus cartas y en sus testamentos, en los que se ve claramente su obsesión con las cruzadas. Por esta razón, estudio la *Conquista* como una crónica caballeresca destinada a incitar a los cristianos a la lucha contra los moros.

El capítulo III, titulado «Un planteamiento muy épico», trata del prólogo y los primeros capítulos de la obra, que constituyen el planteamiento de la crónica, la cual se presenta como una crónica de marcado carácter épico y propagandístico cuyo propósito es estimular a los oyentes a la gloria. El capítulo siguiente se titula «El advenimiento de los líderes» y versa sobre los capítulos XXX-XLVI del Libro Primero, los cuales relatan el fracaso de la primera expedición, que se explica como debido a la falta de líderes, subrayándose la necesidad del advenimiento de un líder extraordinario, Gudufré de Bullón, con un antepasado igualmente extraordinario, el Caballero del Cisne. Los capítulos V y VI tratan de las aventuras del Caballero del Cisne y de Gudufré de Bullón respectivamente. En ellos, se estudia la estructura folklórica y el estilo caballeresco de ambos episodios. El capítulo siguiente, que se titula «La decadencia de los líderes», estudia los capítulos XCIIII-CCCXCVII del Libro Tercero y I-CLII del Libro Cuarto, los cuales relatan la decadencia de la estirpe de Gudufré de Bullón y del Caballero del Cisne y la caída de Jerusalén en manos de los moros, que se explica como debida a la lujuria y a la desunión de los cristianos. El capítulo VIII, titulado «Un desenlace poco épico», cubre los últimos capítulos de la obra, que constituyen el desenlace de la crónica, la cual no concluye, sino que se acaba, de manera poco épica, pero muy propagandística, convertida en anales, cuyo propósito es acelerar la marcha para enlazar el pasado glorioso que se evoca con el futuro glorioso que se invoca.

El capítulo IX trata de la oposición entre civilización y barbarie, que considero muy importante para la comprensión de esta obra. El capítulo X analiza la relación de la *Conquista* con las novelas de caballerías hispánicas. La mayoría de los críticos creen que las aventuras del Caballero del Cisne son una novela de caballerías incrustada en una crónica sobre las cruzadas.

INTRODUCCIÓN

Sin embargo, en el texto no se hace ninguna distinción entre estas aventuras y las de Gudufré de Bullón. Se trata de dos episodios caballerescos bien ligados al resto de la crónica, cuya estructura general no puede ser más caballeresca, ya que versa sobre las inconclusas aventuras de los nobles de varios países en tierras distantes y exóticas. Mi hipótesis es que la *Conquista,* que, en consonancia con los valores y los gustos de los siglos XII y XIII, presenta un ideal aristocrático y un final abierto, es la crónica alfonsina que mayor influencia ejerció en las novelas de caballerías hispánicas (menos en el *Zifar* y en las otras novelas de caballerías de los siglos XIV y XV, las cuales presentan un ideal democrático y un final cerrado, que en el *Amadís* y en las otras novelas de caballerías de los siglos XVI y XVII, las cuales presentan un ideal aristocrático y un final abierto). Por esta razón, estudio la *Conquista* como una obra fundamental en el panorama de la literatura caballeresca de la Península Ibérica[1].

El capítulo II y el apéndice I se redactaron anteriormente como artículos[2]. Agradezco a *Hispanic Review* y a Indiana University el permiso concedido para reproducirlos, revisados y ampliados, en este libro.

---

[1] Para mantener el sabor de la obra, escribo prácticamente todos los nombres propios tal como aparecen en ella, poniéndoles a veces acentos para facilitar la lectura. En los capítulos II y X, que tratan de problemas externos a la obra, no empleo, sin embargo, las formas antiguas, sino las modernas, para no establecer una diferencia entre los diversos nombres propios mencionados en ellos.

[2] González, 1986 y 1990. Los trabajos citados, en el texto o en las notas del presente libro, por apellido y fecha (o, en algunos casos, por título abreviado) se encontrarán con todos los datos en la lista de Obras Citadas y Consultadas. Adviértase que la fecha es la de la edición utilizada, y no necesariamente la de la publicación original.

I

HISTORIA Y FICCION

La gran conquista de Ultramar no ha tenido demasiada suerte con los críticos. Para ser la única crónica castellana sobre las cruzadas, esta obra cuenta con muy pocos estudios. Entre los estudios del Padre Sarmiento y el Marqués de Mondéjar (siglo XVIII) y los de Gayangos, Ticknor, Puymaigre, Amador de los Ríos, Milá y Fontanals, Paris, Baist y Menéndez Pelayo (siglo XIX) hay un vacío de unos 75 años y entre éstos y los de Northup y Duparc-Quioc (siglo XX) hay un vacío de unos 25 años. En efecto, los estudios sobre la *Conquista,* aparte de ser pocos, son cortos. Los más largos son la tesis doctoral de Stresau sobre sus fuentes francesas y el capítulo de Vosters sobre sus influencias flamencas. Todavía no se ha publicado ningún libro dedicado única y exclusivamente a la *Conquista.* Además, los estudios que se han publicado hasta ahora tratan casi exclusivamente de las fuentes, las influencias, el autor y la fecha. El estilo se ha estudiado muy poco y sólo en apoyo de alguna teoría sobre uno de los problemas mencionados. La estructura se ha estudiado todavía menos, existiendo sólo escasos y breves análisis de algunas partes de la obra[1]. Es evidente que hace falta un estudio global de la *Conquista* que analice la estructura y el estilo de la obra y que la compare con otras obras semejantes. El presente libro pretende empezar a rellenar esta laguna, cuyas causas son complejas.

El hecho de que la *Conquista* sea una traducción de unas obras francesas —a saber: *Eracles,* la *Chanson du Chevalier au Cigne,* la *Chanson de Godefroi*

---

[1] Una descripción detallada, no sólo de los estudios sino también de los textos de la *Conquista,* se encuentra en los apéndices.

de Bouillon, la *Chanson des Chétifs,* la *Chanson d'Antioche,* la *Chanson de Jerusalem, Berte aus grans pies* y *Mainet*— ha echado y sigue echando para atrás a los críticos, que no consideran que la estructura y el estilo de una traducción sean, en sí, dignos de estudio[2]. Sin embargo, muchas obras medievales, particularmente en prosa, son traducciones más o menos libres o creativas, así que el hecho de que la *Conquista* sea una composición hecha con materiales traducidos no debería ser razón para impedir su estudio (véase Morreale, 1959). Es cierto que las obras medievales españolas a las que más atención les prestan los críticos son las caracterizadas por su castellanismo, rasgo que no es especialmente evidente en la *Conquista,* cuyo tema y estilo generalmente se han tenido por poco castellanos. No obstante, hay bastantes obras medievales españolas que, aunque tampoco participan de estas características, han merecido la atención de los críticos. Cabe preguntarse si será sencillamente que a la *Conquista* le falta calidad literaria. Christine R. Stresau (1977), que es quien más a fondo ha analizado esta obra hasta la fecha, opina que su sistema de composición se parece al manuscrito regio de la última parte de la *Estoria de España,* que es un borrador compilatorio (pág. 236). Ahora bien, la última parte de la *Estoria de España* se ha estudiado bastante, no sólo por la enorme importancia de su autor y por la gran calidad literaria de la primera parte de la obra, sino también porque es precisamente en el borrador compilatorio donde mejor se aprecian las características de la crónica como tal. En cambio, la *Conquista,* a pesar de que tiene partes de reconocida calidad literaria, como las aventuras del Caballero del Cisne, no tiene un autor importante, ya que su atribución a Alfonso X se considera generalmente falsa y su atribución a Sancho IV resulta considerablemente menos prestigiosa, pero, sobre todo, no tiene un género literario claro a los ojos de los críticos. Y aquí está, a mi entender, la principal causa del descuido en que se halla. Efectivamente, sobre el género literario de la obra hay grandes vacilaciones. Unos críticos dicen que es una crónica impura, con elementos ficticios y otros críticos dicen que es una novela impura, con elementos históricos[3]. ¿Para qué perder, entonces, el tiempo estudiando la estructura y el estilo de una mala crónica o de una mala novela o, lo que es peor, de una obra híbrida, inclasificable?

A mi modo de ver, las vacilaciones de los críticos respecto al género literario de la *Conquista* proceden de la aplicación a ésta de la distinción decimonónica entre historia como relato de hechos verdaderos y ficción

---

[2] En el presente libro se utilizan las siguientes ediciones de estas obras: *La gran conquista de Ultramar,* ed. Cooper, 1979; *Crónicas,* ed. Académie, 1844-59; *La Chanson du Chevalier au Cygne et de Godefroi de Bouillon,* ed. Hippeau, 1874-77; *La Chanson des Chétifs,* ed. Wenhold, 1928; *La Chanson d'Antioche,* ed. P. Paris, 1832-48; *Chanson d'Antioche* provenzal, ed. Meyer, 1884; *La Conquête de Jerusalem,* ed. Hippeau, 1868; *Berte aus grans pies,* ed. Holmes, 1946; *Mainet,* ed. G. Paris, 1875.

[3] En el presente libro se utiliza la palabra novela en un sentido muy amplio, que incluye tanto la novela moderna, en inglés llamada «novel», como la novela antigua, en inglés llamada «romance».

como relato de hechos falsos. En efecto, los historiadores de esta época, como Jules Michelet (1889), Leopold von Ranke (1973), Alexis de Tocqueville (1924) y Jacob Burckhardt (1955), no eran conscientes de su subjetividad y creían que la historia podía y debía dar una visión del mundo tan objetiva como la visión que la ciencia daba de la naturaleza. Lo único que la historia tenía que hacer era buscar los datos y dejar que éstos hablasen por sí mismos. Al no reconocer la manipulación que toda historia hace de los datos, los cuales no encuentra, sino que crea con el auxilio de la ficción, estos historiadores pensaban que había una separación radical entre la historia, que consideraban como la ciencia de lo real, y la ficción, que consideraban como el arte de lo fantástico. De acuerdo con esta filosofía, cualquier obra que relatase hechos verdaderos y hechos falsos se contemplaba como una mezcla de historia y ficción. Este es el caso de la *Conquista* y de aquí el desconcierto de críticos como Amador de los Ríos o Menéndez Pelayo, que no saben a qué carta quedarse en cuanto al género de la obra, que tienen por una inquietante mezcla de crónica y novela. Así, José Amador de los Ríos dice:

> Buscar en esta aglomeración de tan inconexos elementos, ligados sólo por la simple credulidad de la edad media, verdadero sentimiento histórico, fuera por cierto empresa vana y no muy cuerda exigencia de la crítica. (1863, pág. 27).

Asimismo, Marcelino Menéndez Pelayo afirma:

> *La gran conquista de Ultramar,* que mirada sólo en sus capítulos novelescos es el más antiguo de los libros de caballerías escritos en nuestra lengua, no tuvo por de pronto imitadores. (1905, pág. cxxix).

Según se puede apreciar en estas citas, cuando Amador de los Ríos trata de definir la diferencia entre los historiadores del siglo XIII y los historiadores del siglo XIX, les atribuye a ambos los mismos valores y gustos, llegando a la conclusión de que los historiadores medievales incluyen hechos falsos en sus obras, porque los creen literalmente verdaderos y no porque los consideren alegóricamente verdaderos. En el siglo XIII la historia usa la ficción deliberadamente. En el siglo XIX la historia pretende no usar la ficción en absoluto. No pueden encontrarse dos concepciones más opuestas de la historia que las de estos dos siglos. Por eso Menéndez Pelayo identifica los componentes de la obra y clasifica los hechos verdaderos como crónica y los hechos falsos como novela, porque la idea de una historia que mezclase hechos verdaderos y hechos falsos para expresar una verdad más alta que la de los hechos le resultaba impensable. La historia del siglo XIII no podía entenderse en el siglo XIX más que separando sus componentes. Esto se debe al concepto positivista de la historia como una ciencia cuya verdad reside en los hechos.

Sin embargo, con la excepción del siglo XIX, la historia se concibió siempre como un arte cuya verdad reside en la interpretación. Esto es lo que piensan, por ejemplo, Voltaire (1966) en el siglo XVIII y Lévi-Strauss (1973) en el siglo XX. Recientemente, Hayden White y Frank Kermode han criticado con gran lucidez la concepción decimonónica de la historia como ciencia, desenmascarando la ficción que está presente en toda historia y que hace que ésta sea un arte. White estudia los cuatro tropos —metáfora, metonimia, sinécdoque e ironía— que estructuran la narración y Kermode estudia los tres tiempos —principio, medio y fin— que estructuran lo narrado[4]. Todos estos recursos literarios reflejan fenómenos lingüísticos y sirven para conferirle un significado a la cronicidad, es decir, para humanizar el devenir. A este respecto, ambos pensadores creen que las llamadas ciencias humanas no son ciencias, precisamente porque son humanas, y que la concepción decimonónica de la historia como ciencia fue una anomalía en el panorama general de esta disciplina. El sentir actual de los historiadores sobre su disciplina ha sido resumido muy recientemente por Nancy Partner de la siguiente manera:

> Todos los historiadores saben que la historia ya no es la disciplina que cumple diligentemente su promesa positivista de contarlo todo tal como realmente sucedió. Y, de hecho, ese momento cultural, en el que se afirmó ingenuamente la captación de un pasado entero, indudable y que existió una vez objetivamente, fue una breve digresión en la más larga y más ricamente comprometida vida de la historia como artefacto expresivo de la tradición, la cultura, el desafío humano al tiempo— todo el bagaje cultural acarreado de diversas maneras y en colaboración por la religión, la literatura, el arte y la historia. En ese bagaje hay verdad, objetividad y razón desapasionada, pero como parte de la cultura, no fuera en una realidad preverbal más elevada. Con lo único que la epistemología y la ficción amenazan de manera importante es con devolverle a la historia su antiguo lugar entre las disciplinas creadoras de cultura, significado y continuidad. (1986, pág. 117; la traducción es mía).

Las buenas noticias, sin embargo, no parecen haber llegado a los estudiosos de la *Conquista,* quienes siguen repitiendo la idea de que esta crónica es una obra problemática, idea enunciada por los críticos del siglo XIX, los cuales no comprendían que la mezcla de hechos verdaderos y hechos falsos presente en la obra obedecía a una concepción de la historia diferente y, de hecho, más normal que la suya. Se trata de un problema inexistente. La *Conquista* no es una novela ni una crónica atípica, sino una crónica típica de su época. Como tal, usa las técnicas de la novela libremente.

En la Edad Media, la historia era un entretenimiento serio y competía con la novela, que era un entretenimiento frívolo. Ambos géneros intercambiaban recursos y se consideraban muy próximos, como explica Partner

---

[4] White, 1982, 1983, 1989; Kermode, 1968, 1982. Véanse también: Foucault, 1975; Certeau, 1986; W. H. Walsh, 1958; Danto, 1965; Gallie, 1968; Dray, 1966; Collingwood, 1946; Gay, 1974; La Capra, 1985; Fletcher, 1976; Berthoff, 1970; Miller, 1974; Hernadi, 1976.

(1977, pág. 195). La proximidad de ambos géneros se ve claramente en las *Etimologías* de San Isidoro de Sevilla, el cual sitúa la historia y la novela dentro de la Gramática, distinguiéndolas sólo por el contenido y no por la forma: la historia se concentra en lo sucedido y la novela se concentra en lo imaginado (Díaz y Díaz et al. 1982, I, págs. 356-61). Sus técnicas, sin embargo, eran las mismas y, por lo tanto, las teorías sobre la estructura de la narrativa medieval con las que contamos pueden aplicarse tanto a la novela como a la historia, como sugiere Partner (1977, pág. 196). Por ejemplo, la teoría de Erich Auerbach sobre la parataxis y la de William W. Ryding sobre el entrelazamiento pueden aplicarse a ambos géneros indistintamente[5]. En el caso de la *Conquista,* la presencia de estas técnicas es obvia y paralela a su presencia en las novelas de la época[6].

No todas las historias medievales presentan el mismo grado de narratividad, sino que hay diferencias considerables, que son fundamentales a la hora de definir los tres subgéneros básicos de la historia medieval, que son: los anales, la crónica y la historia[7]. Explicaré brevemente en qué consiste cada uno con el objeto de situar a la *Conquista* en el subgénero al que pertenece.

Los anales organizan los hechos de acuerdo con la cronología. Se cuentan los sucesos importantes o la falta de sucesos importantes de cada año. Los sucesos que se cuentan son los importantes para el narrador: batallas, peregrinaciones, nacimientos, muertes, nevadas, crecidas, etc. La visión del mundo que presentan es fragmentaria, ya que lo describen como lo perciben, es decir, como una serie de hechos inconexos ligados únicamente por el tiempo. Ejemplos de anales castellanos son los *Anales toledanos primeros,* de principios del siglo XIII, en los que se registran hechos como los siguientes:

> Arrancaron moros al Rey don Alonso en Zagalla, era MCXXIIII...
> El Arçobispo don Bernaldo terçero dia de Março fue a Jerusalem a ver el sepulchro de Jesu *Christo,* era MCXLIII...
> El Rey don Alonso, fillo del Conde don Raymondo et de doña Vrraca, filla del Rey don Alfonso, naçio primer dia de Março, et antes de su nauidad apareçio enel cielo vna estrella cuentada et duro assi por treynta dias que no se tollo, era MCXLIIII...

---

[5] Auerbach, 1953; Ryding, 1971. Otros estudios que contienen teorías aplicables a ambos géneros son: Frye, 1957; Curtius, 1955; Jauss, 1982; Zumthor, 1972; Bundy, 1927; Nelson, 1973; Booth, 1961; K. Burke, 1969; Chatman, 1978; Genette, 1980; Todorov, 1977; Barthes, 1974.

[6] Para una introducción a la historia medieval, consúltense los siguientes estudios: Breisach, 1983; Thompson, 1960; Davis y Wallace-Hadrill, 1981; Morgan, 1982; Brandt, 1973; Patrides, 1972; Smalley, 1974; Hanning, 1966; Gransden, 1974; Guénée, 1972; White, 1989; J. Beer, 1981; Sánchez Alonso, 1947. Para una introducción a la ficción medieval, consúltense: Frye, 1976; Vinaver, 1971; G. Beer, 1970; Taylor, 1930; Stevens, 1973; Brownlee, 1985; Hunt, 1973; Vitz, 1980; Muscatine, 1963-64; Moore, 1968; Scholes, 1977; Deyermond, 1975.

[7] En la Edad Media se utilizaban las palabras «corónica» y «estoria» para designar cualquier tipo de historia. Hoy día se llama crónica al tipo de historia medieval que menos se parece a la historia moderna y se da el nombre de historia al tipo que presenta mayor semejanza con la historia moderna.

> Los de Segobia despues de las octauas de Pascua mayor mataron Aluaranez, era MCLII...
> Desçendio grande nieue sobre toda la tierra en el mes de Janero, era MCLX...
> Avenida enel rio de Tajo que allego hata *sanct* Isidoro en Toledo en XX dias de febrero, era MCCVI... (R. Menéndez Pidal, 1971, págs. 105-06).

La crónica organiza los hechos de acuerdo con una interpretación fija. Se cuentan los sucesos importantes como resultado de la Providencia divina. Los sucesos que se cuentan son los importantes para la narración: aquellos acontecimientos que mejor muestren la intervención de Dios. La visión del mundo que presentan es total, ya que lo describen como lo conciben, es decir, como una serie de hechos conexos ligados por la Providencia divina. Las obras de Alfonso X, por ejemplo, entran dentro de esta categoría.

La historia organiza los hechos de acuerdo con una interpretación variable. Se cuentan los sucesos importantes como resultado de la causa elegida. Los sucesos que se cuentan son los importantes para la narración: aquellos acontecimientos que mejor apoyen la teoría defendida. La visión del mundo que presentan es parcial, ya que lo describen como lo conciben, es decir, como una serie de hechos conexos ligados por la causa elegida. Las obras de Fernán Pérez de Guzmán, por ejemplo, entran dentro de esta categoría.

Hay un aumento de la narratividad de los anales a la crónica y de la crónica a la historia. En efecto, la narratividad está ligada a la interpretación y, en los anales, la interpretación es mínima, en la crónica es única y en la historia es múltiple. Además, los anales carecen de planteamiento y de desenlace, la crónica posee planteamiento, pero carece de desenlace, y la historia posee planteamiento y desenlace. De acuerdo con sus características, cada género tiene diferentes posibilidades de transformación. Los anales pueden aumentar por el principio y por el final, ya que son un género totalmente abierto. Además, tienen bastante flexibilidad para cambiar su forma (cronología) y su contenido (hechos), puesto que pueden quitar o poner años o sucesos con bastante facilidad. La crónica no puede aumentar por el principio, pero puede aumentar por el final, ya que es un género parcialmente abierto. No puede cambiar su forma (interpretación religiosa fija), por lo que tiene mucha flexibilidad para cambiar su contenido (hechos), el cual a veces puede crear de la nada, puesto que no se siente obligada a usar como materia sólo una información verificable. La historia no puede aumentar ni por el principio ni por el final, ya que es un género totalmente cerrado. Puede cambiar su forma (interpretación profana variable), por lo que tiene poca flexibilidad para cambiar su contenido (hechos), el cual nunca puede crear de la nada, puesto que se siente obligada a usar como materia sólo una información verificable.

El hecho de que haya un aumento de la narratividad de los anales a la crónica y de la crónica a la historia no significa que haya un aumento de la verdad. Por el contrario, los anales, en cierto modo, son más verdaderos que la crónica y que la historia, ya que son el género que más fielmente refleja los sucesos tal como aparecen ante nuestros ojos. Por su parte, la crónica, con su interpretación fija y su final abierto, en cierto modo, es más verdadera que la historia, con su interpretación variable y su final cerrado. La diferencia entre la crónica y la historia no reside tanto en la cantidad como en la calidad de la verdad de cada una. La verdad de la crónica es religiosa, absoluta. La verdad de la historia es profana, relativa. En este sentido, la crónica y la historia son géneros incompatibles y no puede haber evolución de una a otra. Para ir de una a otra, es necesario hacer un corte epistemológico. Los anales pueden transformarse en crónica o en historia añadiendo una interpretación, pero la crónica no puede transformarse en historia añadiendo una interpretación profana a la interpretación religiosa, ni la historia puede transformarse en crónica añadiendo una interpretación religiosa a la interpretación profana, porque el absolutismo de la interpretación religiosa y la relatividad de la interpretación profana se excluyen mutuamente. La crónica y la historia son subgéneros paralelos entre los que hay que escoger. La Edad Media favoreció la crónica y el Siglo de Oro favoreció la historia. La decadencia de la crónica y el auge de la historia no deben entenderse, pues, como un proceso de transformación de un subgénero en otro, sino de sustitución de un subgénero por otro en la preferencia de la gente. Esto no quiere decir que la crónica y la historia no evolucionen. Evolucionan, pero dentro de su propio subgénero. La crónica evoluciona principalmente transformando los hechos con el auxilio de otros géneros, como la épica. La historia evoluciona principalmente transformando la interpretación con el auxilio de otros géneros, como la política.

Como se ve, la crónica sólo puede transformarse de dos maneras: una es aumentando por el final, mediante la continuación, y la otra es cambiando su contenido, mediante la amplificación. Las crónicas de las cruzadas son un ejemplo perfecto del proceso de transformación del subgénero de la crónica. La versión latina, la *Historia* de Guillermo de Tiro, es la más breve, llegando hasta el año 1183. La versión francesa, *Eracles,* es bastante fiel a la versión latina, que no amplifica, aunque la continúa, llegando hasta el año 1277. La versión castellana, la *Conquista,* es poco fiel a la versión francesa, que amplifica, aunque no la continúa, llegando hasta 1271. La *Conquista* constituye, pues, un estado avanzado del proceso de transformación del subgénero de la crónica, cuyas posibilidades narrativas explota a fondo mediante la inclusión masiva de diversos materiales.

Hasta ahora, las crónicas castellanas se han estudiado casi siempre fragmentariamente, aislando los diversos materiales incluidos en ellas y analizándolos por separado, ya que, al considerarlas como una mezcla de historia y ficción, los críticos deshacen el tejido del texto y estudian los hilos por separado. Así, un episodio se considera histórico y se analiza como tal, otro episodio se considera ficticio y se analiza como tal, etc. Sin negar la validez que, como estudios temáticos, puedan tener estos análisis, ni, por supuesto, su mérito, propongo que lo que más urge en estos momentos es estudiar las crónicas castellanas como las narraciones coherentes que son.

Algo de esto se ha hecho ya con las otras crónicas de Alfonso X[8]. Sin embargo, en el caso de la *Conquista,* los críticos han separado las aventuras del Caballero del Cisne de las aventuras de Gudufré de Bullón, calificando las primeras de ficticias y las segundas de históricas. Mi intención es anudar estos hilos entre sí y con los otros hilos de la crónica, cuyo tejido quiero examinar en su conjunto. Quiero estudiar la *Conquista* como una narración continua cuyos dibujos folklóricos, colores caballerescos y propósito propagandístico no hacen más que reforzar su unidad.

---

[8] Véanse, por ejemplo, los estudios de J. F. Burke, 1984-85; Deyermond, 1984-85; Gingras, 1985; y Rico, 1984.

II

ALFONSO X Y «LA GRAN CONQUISTA DE ULTRAMAR»

El prólogo de *La gran conquista de Ultramar* contiene una cláusula de atribución de la obra a Alfonso X, la cual es tenida por falsa por la mayoría de los críticos, encabezados por Pascual de Gayangos, quien aduce como uno de sus argumentos que el prólogo fue puesto en la obra por el impresor, que, en su opinión, lo copió del prólogo de otra obra, los *Bocados de oro*, añadiéndole la cláusula de atribución al Rey Sabio[1]. Esta es, sin duda, una posibilidad, pero hay otras posibilidades que no pueden descartarse. Para examinarlas, hay que distinguir entre la cláusula de introducción y la cláusula de atribución.

La cláusula de introducción del prólogo de la *Conquista* coincide, en efecto, con la que aparece en las ediciones de Valladolid de 1527, de Toledo de 1510 y de Sevilla de 1495 (R 11851, R 2544 e I 187 e I 1815, Biblioteca Nacional de Madrid), así como en los manuscritos e-III-10 (Biblioteca del Monasterio de San Lorenzo de El Escorial) y 1904 (Biblioteca Nacional de Madrid) de los *Bocados de oro*, que poseen una introducción dividida en siete capítulos, los cuales tratan, el primero, del sentido del oído y, los restantes, de las aventuras de Bonium, rey de Persia, que fue a la India a oír a los sabios, cuyas enseñanzas decide escribir. La introducción no aparece en el resto de

---

[1] Gayangos, 1858, pág. V. La afirmación de Gayangos de que la *Conquista* data, como pronto, del reinado de Fernando IV no tuvo demasiado éxito con los críticos. En cambio, sí tuvo bastante éxito su negación de que la *Conquista* fuese obra de Alfonso X. Entre los críticos que le siguen en esto, se encuentran Puymaigre, 1890; Amador de los Ríos, 1863; Baist, 1897; Menéndez Pelayo, 1905; Northup, 1934 y Gómez Pérez, 1963-64, 1965a y 1965b.

los manuscritos conservados: 1866 (Biblioteca Universitaria de Salamanca), h-III-6 (Biblioteca del Monasterio de San Lorenzo de El Escorial) y 17853, 17822, 8405, 6936 y 6545 (Biblioteca Nacional de Madrid). El editor más reciente y más escrupuloso de los *Bocados,* Mechthild Crombach (1971, págs. v-xlv), señala que, aunque todos los manuscritos conservados son del siglo XV, la obra es de mediados del siglo XIII, o de finales del reinado de Fernando III o de principios del reinado de Alfonso X, ya que es una de las fuentes de las *Siete Partidas*. Crombach basa su edición en los manuscritos que carecen de introducción, por considerarlos más cercanos al original árabe, que también carece de ésta. En su opinión, los siete capítulos introductorios son una adición del siglo XV. Sin embargo, su estilo es semejante al del resto de la obra, lo que indica que, si son una adición del siglo XV, son una adición de material viejo. Es decir que no parece imposible que Alfonso X hubiese conocido estos siete capítulos, bien como parte de los *Bocados,* obra que evidentemente conocía, ya que la utilizó en las *Partidas,* bien como material independiente.

Pero es que, aunque estos siete capítulos fuesen posteriores a la *Conquista* y el editor de ésta hubiese utilizado el primero como cláusula de introducción del prólogo, esto no significaría que hubiese añadido la cláusula de atribución. Es sabido que los impresores del siglo XVI modificaban con frecuencia los prólogos de las obras. Sin embargo, estas modificaciones eran más bien modernizaciones que falsificaciones y, a veces, combinaban lo antiguo con lo moderno, como sucede en el prólogo del *Libro del Caballero Zifar,* cuya primera parte fue sustituida por una más corta y cuya segunda parte se mantuvo (González, 1983, págs. 459-60). Lo mismo pudo haber sucedido en el prólogo de la *Conquista*. El abanico de posibilidades es, pues, extenso y las pruebas textuales son limitadas, por lo que es imposible determinar el origen de la cláusula de introducción. Sin embargo, es posible especular sobre la autenticidad de la cláusula de atribución, la cual no aparece en el prólogo de los *Bocados,* pero sí en el de la *Conquista,* que dice:

> Por ende, nos, don Alfonso, rey de Castilla, de Toledo, de León e del Andaluzía, mandamos trasladar la ystoria de todo el fecho de Ultramar, de como passó, según los oýmos leer en los libros antiguos, desque se levantó Mahoma hasta que el rey Luys de Francia, hijo del rey Luys e de la reyna doña Blanca, e nieto del rey don Alfonso de Castilla, passó a Ultramar e punó en servir a Dios lo más que él pudo. El prólogo se acaba, y comiença el primero libro. (I, 2)

La autenticidad de esta cláusula de atribución ha sido negada por la mayoría de los críticos, los cuales opinan que la obra fue traducida por orden de Sancho IV.

El principal argumento a favor de la teoría de que Sancho IV ordenó la traducción de la *Conquista* son las cláusulas de atribución a éste contenidas en los manuscritos 1187 y 1920. El manuscrito 1187 dice:

> Este libro de la grand hestoria de Ultramar, que fué fecho sobre los nietos é los bisnietos del caballero del Cisne, que fué su comienzo del caudillo de la grand hueste de Antioca, Godofre de Bullon con sus hermanos, mandó sacar de franceses [sic] en castellano, el muy noble don Sancho, rey de Castiella, de Toledo, de Leon, de Gallicia, de Sevilla, de Córdoba, de Murcia, de Jaen é del Algarbe; sennor de Molina, é sexto rey de los que fueron en Castiella ó en Leon, que hubieron así nombre, fijo del muy noble rey don Alfonso el Onceno é de la muy noble reina donna Violant. (Citado por Gayangos, 1858, pág. vi)

El manuscrito 1920 dice:

> E deste principe Remonte contar vos hemos su vida en el libro de la estoria mayor de Ultramar, cayo /Blanco/ que saque este estoria de frances en castellano por mandado del rey don Sancho rey de Castiella e de león e ove [de] buscar por su mandato todos [los] libros que pud fallar que fab[lasen] de las conquistas de Ultramar [por co]ncordarlas en uno [desde la prisión] de Antiocha e del cavallero /blanco y rotura/ segúnt cuenta adelante. (Citado por Gómez Pérez, 1963-64, pág. 14)

Sobre la cláusula de atribución a Alfonso X del prólogo de la edición príncipe, José Amador de los Ríos comenta:

> Ha debido repararse no obstante, que sobre no fijarse cuál Alfonso sea, como en los demas tratados del Sábio se acostumbra, es el prólogo de la edición de la *Grand Conquista*, al pie de la letra, el mismo que aparece al frente del *Libro del Bonium ó Bocados de Oro*, antes de ahora examinado (págs. 542 y siguientes del t. III; —edición de Valladolid, 1527); y sólo al final se añaden las cláusulas que le atribuyen á un don «Alfonso, rey de Castilla de Toledo, de Leon, é del Andalucía», manera de intitularse ya sospechosa, tratándose del Alfonso X. Este dijo de sí en las *Cantigas,* por ejemplo: «Rey de Castella, de Toledo, de Leon, de Córdoba, de Jaen, de Sevilla, de Murçia, del Algarve, de Badajoz, etc.» (pág. 23)

Ahora bien, si la cláusula de atribución a Alfonso X del prólogo de la edición príncipe es falsa, porque no da el número del rey ni proporciona todos sus títulos, las cláusulas de atribución a Sancho IV de los manuscritos 1920 y 1187 deben de ser falsas también, porque una no da el número del rey ni proporciona todos sus títulos y otra confunde tanto el número del rey como el de su padre.

Tenemos, pues, dos cláusulas de atribución a Sancho IV en los manuscritos, una con dos errores y otra con dos omisiones, y una cláusula de atribución a Alfonso X en el prólogo de la edición príncipe, sin errores, pero con omisiones. A esto hay que añadir una cláusula de atribución a Alfonso X, que, aunque no proporciona todos su títulos, da el número del rey y no contiene errores. Se trata de la incluida en el manuscrito 1698, que dice:

> Aquí se acaba la estoria de la conquista de Ultramar, que fue fecha sobre la rrazon del cauallero del cisne e de los sus bien auenturados nietos e visnietos,

que fue su comienço de la grande hueste de Antiocha, Gudufre de Bullon con sus hermanos. E mandóla sacar del frances en castellano el muy noble rrey don Alfon de Castilla, el seteno rrey de los que fueron en castilla e en leon, que ouieron ansi nombre, fijo del muy noble e esforçado rrey don Fernando, e de la rreyna doña beatriz que dios perdone Amen. (Citado por Gayangos, 1858, pág. xii)

Gayangos, quien piensa que este rey es Alfonso XI, llama a su padre «esforçado» en lugar de «santo» (pág. xii), que es lo que, como observa Emeterio Mazorriaga (1914, pág. xiv), dice el manuscrito, y, refiriéndose a su madre, comenta:

Llamóse doña Constanza, y no doña Beatriz; y además Alfonso XI nunca pudo ser sétimo en la série de los reyes castellanos, porque si el VI, que tomó á Toledo, fué *primero,* su nieto el Emperador fué el *segundo;* el de las Navas, que llamamos VIII, el *tercero;* el IX, de Leon, *cuarto,* y el X, *quinto.* Solo contando en el número de ellos al de Aragón, llamado el Batallador, marido de doña Urraca, puede salir la cuenta y ser *sétimo* de Castilla Alfonso XI. (Gayangos, 1858, pág. xii nota)

La cuenta, sin embargo, sale mucho mejor si consideramos que este rey es Alfonso X, hijo de Fernando III y de Beatriz de Suabia, séptimo Alfonso de los que reinaron en León y en Castilla y León, después de los dos Alfonsos de León y los cuatro Alfonsos de Castilla y León. La atribución de la obra a Alfonso X del manuscrito 1698 prueba que el impresor de la edición príncipe no inventó esta atribución, que ya estaba presente, por lo menos, en este manuscrito.

Así pues, de las cuatro cláusulas de atribución, una contiene errores y tres contienen omisiones. Puestas así las cosas, si todas las cláusulas pueden ser falsas, ¿por qué imaginar que sólo las del manuscrito 1698 y de la edición príncipe, que no contienen errores y que contienen menos omisiones, lo sean? Quizás sean todas falsas. O quizás sean todas auténticas. Tal vez Alfonso X comenzase la *Conquista* y Sancho IV la continuase, como cree Ticknor (1882, pág. 50). Esto explicaría las noticias contradictorias sobre la autoría de la obra, así como las características lingüísticas y paleográficas, de las que, según George T. Northup, sólo se puede decir, cautelosa y tentativamente, que apuntan hacia la época de Sancho IV (1934, página 289).

Efectivamente, Northup se basa en el estudio del manuscrito más antiguo, el 1187, cuyo lenguaje le parece algo posterior al de la época de Alfonso X. Sin embargo, puesto que este manuscrito no cubre el principio de la obra, sino el final, sus características lingüísticas y paleográficas no prueban que el principio de la obra sea de la época de Sancho IV. A este respecto, hay que destacar que el manuscrito 1920, que tampoco cubre el principio de la obra, parece indicar que Sancho IV no ordenó la traducción de la obra desde el principio, sino solamente desde la toma de Antioquía[2]. De ser cierto, esto significaría que todo el Libro I y un buen número de capítulos del Libro II, o sea, la parte más interesante de la obra, se habría traducido en la época de Alfonso X.

Alfonso X resulta, desde luego, un autor más plausible de la *Conquista* que Sancho IV, que no ordenó la compilación de ninguna crónica, aunque parece que continuó la compilación de las de su padre[3]. No es descabellado pensar que continuase también la *Conquista*. Las alusiones a Godofredo de Bouillón que se encuentran en los *Castigos e documentos,* aunque pueden basarse en otra fuente, lo más probable es que se basen en la *Conquista,* lo mismo que las alusiones a don Rodrigo se basan en la *Estoria de España.* Estas alusiones demuestran que los miembros del «scriptorium» de Sancho IV conocían bien la *Estoria de España,* por haber trabajado o estar trabajando en ella (Rey, 1952, págs. 18-21). Su concepción, sin embargo, le perteneció a Alfonso X. Al Rey Sabio probablemente le perteneció también la concepción de la *Conquista,* no sólo a causa de su afición a las crónicas, sino también a causa de su interés por las cruzadas, tema de moda en su época, de la que, por cierto, data también el planto narrativo *¡Ay, Iherusalem!*

En efecto, Alfonso X mostró en varias ocasiones su interés por las cruzadas, con cuyos protagonistas estaba unido por lazos de parentesco y de amistad[4]. Vamos a examinar algunos de estos lazos.

En primer lugar, Balduino II de Constantinopla estaba casado con María de Brienne, hija de Juan de Brienne y de Berenguela de Castilla, la cual era hija de Alfonso IX y tía de Alfonso X. La reina de Constantinopla y el rey de Castilla eran, pues, primos carnales. Alfonso X fue muy generoso con María de Brienne, a quien le dio una elevada suma de dinero para la liberación de su hijo Felipe de Courtenay, como ha probado Robert L. Wolff (1954), que afirma que las relaciones de Alfonso X con el Oriente fueron más estrechas de lo que se pensaba.

En segundo lugar, Eduardo I de Inglaterra estaba casado con Leonor de Castilla, hermana de Alfonso X por parte de padre. Aparte de ser cuñados, Eduardo I y Alfonso X eran descendientes de Enrique II de Inglaterra, por ser nietos, el primero, de Juan Plantagenet y, el segundo de Leonor Plantagenet, los cuales eran hermanos de Ricardo I e hijos de Enrique II. El parentesco con Ricardo Corazón de León debía de tenerlo muy presente el Rey Sabio, siempre atento a estos asuntos. Por otra parte, el viaje del entonces príncipe

---

[2] Esto también puede indicar la existencia de más de un traductor, delimitando lo hecho por éste en particular.

[3] Sobre el proceso de compilación de las crónicas de Alfonso X, véanse los siguientes estudios: R. Menéndez Pidal, 1955 y 1972; Solalinde, 1915 y 1930; G. Menéndez Pidal, 1951; Lázaro Carreter, 1961; Chalon, 1976; Gómez Pérez, 1963; Lida de Malkiel, 1958-59; Catalán, 1962, 1963, 1969 y 1978; Armistead, 1966-67; Eisenberg, 1982-83.

[4] Acerca de las cruzadas y sus protagonistas, véanse los siguientes libros: Runciman, 1951; Setton, 1955-57; Newhall, 1963; Mayer, 1972; Atiya, 1962; Brundage, 1969. En torno a la vida de Alfonso X, véanse: Socarrás, 1976; Burns, 1986. Sobre *¡Ay, Iherusalem!,* véanse: Pescador del Hoyo, 1960, Asensio, 1970.

Eduardo y de su esposa Leonor a Tierra Santa fue un famoso acontecimiento contemporáneo que tuvo lugar en 1271-72 y que enlazó con el segundo viaje de San Luis en 1270. De hecho, Eduardo pensaba reunirse con San Luis en Túnez y, al llegar, se encontró con que éste había muerto y sus tropas regresaban a Francia. En cuanto a la situación de Palestina, la halló desastrosa y, a pesar de sus esfuerzos, no obtuvo más que pequeños triunfos diplomáticos. Nada más recuperarse de un atentado que casi le cuesta la vida, Eduardo volvió a Inglaterra, donde fue proclamado rey. Eduardo I fue el último cruzado importante que hizo una expedición a Tierra Santa. Después de él, a pesar de la presión ejercida por el Papa, ningún príncipe ni rey pasó a Ultramar.

En tercer lugar, Luis IX de Francia era hijo de Luis VIII y de Blanca de Castilla, la cual era hija de Alfonso VIII, y por lo tanto, tía-abuela de Alfonso X. Los dos reyes santos, Fernando III de Castilla y Luis IX de Francia, eran, pues, primos carnales. Por su parte, Luis IX era nieto de Felipe II, protagonista de la tercera cruzada junto con Ricardo I de Inglaterra y con Federico I de Alemania. San Luis trató de emular a Felipe Augusto emprendiendo una cruzada a Damieta en 1249-54 y otra a Túnez en 1270, pero, a pesar de su fervor, no tuvo éxito y murió en el norte de Africa sin haber llegado nunca a Tierra Santa. El parentesco con San Luis y la relación con Felipe Augusto los tenía muy presentes el Rey Sabio, cuya admiración por Luis IX era grande.

Por último, la reina de Jerusalén, Isabel de Brienne, estaba casada con Felipe II de Alemania, el cual era primo carnal de Beatriz de Suabia, madre de Alfonso X. Su hijo, Conrado IV de Jerusalén y de Alemania, era, pues, primo segundo de Alfonso X. El parentesco de Alfonso X con el rey de Jerusalén y emperador de Alemania es significativo en cuanto que apunta hacia el posible origen del interés del Rey Sabio por las cruzadas: la relación de sus parientes alemanes con Tierra Santa.

Alfonso X era bisnieto de Federico I de Alemania, uno de los líderes de la tercera cruzada, en la que murió. El hijo de Federico Barbarroja, Federico de Suabia, que le acompañaba en esta empresa, intentó llevar su cadáver a Jerusalén, pero, en vista de que se descomponía, lo enterró en Antioquía, no sin antes reservar unos huesos con la esperanza de enterrarlos en Jerusalén, lo que no pudo hacer, ya que él mismo murió y fue enterrado en Acre. Enrique VI, hijo y sucesor de Federico I, murió en Messina, donde se preparaba para la conquista de Constantinopla y de Tierra Santa. Su hermano, Felipe de Suabia, padre de Beatriz de Suabia y abuelo de Alfonso X, heredó el imperio y el proyecto, que llevó parcialmente a cabo al proporcionar apoyo y ayuda a Bonifacio de Montferrat para la toma de Constantinopla, con cuya caída acaba la cuarta cruzada. Felipe de Suabia murió asesinado en Bamberg sin haber estado en Jerusalén. El que llegó a Jerusalén fue Federico II, hijo de Enrique VI y sobrino y sucesor de Felipe de Suabia. Comprendiendo que para obtener el liderazgo de Europa debía de establecer su liderazgo en Tierra Santa y teniendo presente el fin de la quinta cruzada, que acabó con la pérdida de Damieta, Federico II emprendió la sexta cruzada con métodos diferentes a los de sus predecesores. Mediante un tratado con el sultán de Egipto, recuperó Jerusalén sin tener que luchar. El Papa, que estaba enemistado con él y que le había excomulgado, no aceptó su victoria, sino que, por el contrario, la condenó. Cuando Federico II dejó Tierra Santa, ésta volvió a caer en poder de los musulmanes[5].

Después de Federico II, los únicos que intentaron sin éxito recobrar Jerusalén fueron Luis IX de Francia y Eduardo I de Inglaterra. Y el último que soñó con recobrar Jerusalén fue Alfonso X, quien, como señalan Antonio Ballesteros Beretta y Wilhelm Freiherr von Schoen, albergaba la esperanza de dirigir una cruzada no sólo al Norte de Africa, sino también a Tierra Santa. Según Martín Fernández de Navarrete, esta esperanza la había concebido a raíz del fracaso de la primera expedición de San Luis, cuando hizo voto solemne de participar en las cruzadas, razón por la cual los papas le amonestaban continuamente a su cumplimiento, particularmente tras su efímera victoria en Salé, plaza norteafricana que conquistó en solitario en 1260, tras solicitar sin éxito la cooperación de Francia e Inglaterra[6]. Que el Rey Sabio seguía pensando en Palestina y en la relación de sus antepasados con ella en la última parte de su vida, se ve en sus testamentos. En su segundo testamento, otorgado en Sevilla el 21 de enero de 1284, dice:

> E otrosi mandamos, que luego que finaremos, que nos saquen el corazon e lo lleven a la Sancta tierra de Ultramar, e que lo sotierren en Ierusalem, en el monte Calvarios alli do yacen algunos de nuestros abuelos, e si levar non lo pudiesen que lo pongan en algund lugar do esté fasta que Dios quiera que la tierra se gane o se pueda levar en salvo. (Peña, 1973, pág. 212)

A continuación, Alfonso X encarga esta tarea al maestre de los templarios, Fray Juan, a quien le encomienda sus propias armas reales y le recuerda los beneficios concedidos por la reconquista de Murcia. El Rey Sabio añade:

> Mandamos otrosi, que cuando sacaren el nuestro corazon para llevarlo a la sancta tierra de Ultramar, segund que es ya dicho, e que saquen lo otro de nuestro cuerpo e lo llieven a enterrar al monasterio de Sancta Maria la Real de Murcia, o a do el nuestro cuerpo hobiere a ser enterrado, que lo metan todo en una sepultura, asi como si nuestro cuerpo fuese y a yacer, si el monesterio fuere en aquel estado que lo nos establecemos e debemos estar e si no mandamos que fagan esto en iglesia mayor de Sancta Maria de Sevilla. (ibid)

Seguidamente, deja unas reliquias a esta iglesia:

---

[5] Sobre las relaciones de Alfonso X con Alemania, véanse los estudios de Antonio y Pío Ballesteros Beretta, 1916-19, y de Steiger, 1946.

[6] Ballesteros Beretta, 1963, págs. 67 y 1056. Von Schoen, 1966, págs. 107 y 111. Fernández de Navarrete, 1986, págs. 83-86. Otros estudios sobre el mismo tema son: Ballesteros Beretta, 1943; Dufourcq, 1966; Huici Miranda, 1952; Sancho de Sopranis, 1949.

Otrosi mandamos, que si el nuestro cuerpo fuere y enterrado en Sevilla, que sea y dada la nuestra tabla que fecimos facer con las reliquias a honra de Sancta Maria, e que la trayan en procesión en las grandes fiestas de Sancta Maria, e las ponga sobre el altar, e los cuatro libros que llaman *Espejo historial* que mandó facer el rey Luis de Francia, e el paño rico que nos dio la reina de Inglaterra, nuestra hermana, que es para poner sobre el altar, e la casulla, e el almatica, que son de paño hestoriado labrado muy ricamente, e una tabla grande hestoriada en que ha muchas imagenes de marfil, fechos e hestorias de fechos de Sancta Maria que la ponga cada sabado sobre el altar de Sancta Maria a la misa. (ibid.)

Por último, deja otras reliquias a su heredero:

E mandamos otrosi, que las dos *Biblias* et tres libros de letra gruesa, cobiertas de plata, e la otra en tres libros hestoriada que nos dio el rey Luis de Francia, e la nuestra tabla con las reliquias, e las coronas con las piedras, e con los camafeos, e sortijas, e otras cosas nobles que pertenecen al rey, que lo haya todo aquel que con derecho por nos heredare el nuestro señorío mayor de Castilla e Leon. (págs. 212-13)

Estas mandas son sugestivas, ya que muestran, no sólo el interés de Alfonso X por Tierra Santa, sino también sus causas y sus circunstancias.

En efecto, Alfonso X quiere que su corazón sea enterrado en Jerusalén, porque allí están enterrados algunos de sus antepasados. A este respecto, Ballesteros-Beretta comenta que el Rey Sabio «anhela que su corazón esté enterrado en el Calvario, donde supone se hallan los sepulcros de algunos de sus abuelos, refiriéndose indudablemente a su estirpe germánica por hijo de Beatriz de Suabia» (1963, pág. 1052). Aunque no está claro a qué antepasados se refiere Alfonso X, es probable que, como dice Ballesteros-Beretta, se trate de sus antepasados alemanes, que fueron los que más tuvieron que ver con Tierra Santa, donde murieron algunos de ellos. El interés del Rey Sabio por Palestina parece, pues, asociado, en principio, con su relación con Alemania.

Por otra parte, Alfonso X quiere que su cuerpo sea enterrado en Murcia, la tierra que había reconquistado en su juventud, lo que indica que su interés por Palestina, heredado de su madre alemana, está unido a su interés por Andalucía, heredado de su padre castellano. La conquista de la *tierra de allend el mar* y reconquista de la *tierra de aquend el mar* son dos sueños que el Rey Sabio había recibido en herencia y que no había logrado convertir en realidad.

Consciente de lo difícil que era convertir en realidad sus sueños, en este segundo y último testamento Alfonso X ofrece soluciones alternativas para su entierro: Si su cuerpo no puede reposar en Murcia, que repose en Sevilla, la capital de Andalucía y de la reconquista; si su corazón no puede reposar en Jerusalén, que repose en otro lugar hasta que se conquiste Palestina. El Rey Sabio, en realidad, no renuncia a sus sueños, expresados muy claramente en las *Cantigas,* en las que habla de la guerra santa en el Sur de Andalucía, en el Norte de Africa y en Palestina repetidas veces y con inequívoco fervor. En este sentido, es significativo que legue las *Cantigas* a su heredero[7]. También son significativos los otros objetos donados, ya que son objetos regalados a Alfonso X por dos parientes que habían pasado a Ultramar, Leonor de Inglaterra y Luis IX de Francia, con cuyas familias siempre había querido unirse en una gran cruzada europea, proyecto del que vuelve a hablar en 1280, según se manifiesta en su crónica:

> E el rey Felipe de Francia, fijo del rey Sant Luis, enviára mover por muchas veces pleitesia al rey don Alfonso, que quisiese catar alguna manera por que oviesse alguna cosa con que viviese don Alfonso, fijo del infante don Fernando. E porque el rey don Alfonso lo avia mucho en corazon, é queria guisar por que él y el rey de Francia y el rey de Inglaterra pasasen allen la mar á tierra de Africa contra Marruecos, é tenía que si este paso pudiesen guisar, que mayor servicio podrian facer á Dios, é para conquerir la tierra santa por allí, que non por do lo comenzaban por Ultramar; sobre esto el Rey envió su respuesta al rey de Francia, lo uno por asosegar este fecho de don Alonso, fijo del infante don Fernando, é lo otro por fablar en este paso, que avia menester que se viesen amos los reyes de consuno, é acordaron las vistas para en Bayona en el mes de Diciembre. (Rosell, 1875, pág. 58)

Las repetidas menciones de Luis IX en el segundo testamento de Alfonso X obedecen probablemente también al acercamiento de Castilla a Francia que efectuó el Rey Sabio al desheredar a su segundogénito, Sancho, y dejar la corona de Castilla a los hijos de su primogénito, Fernando, y de Blanca de Francia, los infantes de la Cerda, nietos de Alfonso X y de Luis IX, o, en su defecto, al rey de Francia, Felipe III. A este respecto, en su primer testamento, otorgado en Sevilla el 8 de noviembre de 1283, el Rey Sabio dice:

> Et por que estas cosas sean más estables e firmes e valederas establescemos et ordenamos aun más: Que si los fijos de don Fernando muriesen sin fijos que debien heredar, que tome este nuestro señorio el rey de Francia, porque viene derechamente de línea derecha onde nos venimos, del Emperador de España, e es bisnieto del rey don Alfonso de Castilla, bien como nos, ca es nieto de su fija. (págs. 209-10)

Alfonso X explica que esto significa la unión de Castilla y de Francia, la cual es mucho más que una unión política:

---

[7] Sobre el deseo de Alfonso X de dirigir a los cristianos en la lucha contra los moros, expresado no sólo en las *Cantigas* sino también en la *Estoria de España*, véanse Bagby, 1973, e Impey, 1986. A este respecto, es interesante que uno de los objetos donados a su heredero sea, precisamente, el *Espejo historial* de Vicente de Beauvais (Procter, 1951, págs. 23 y 97, y Keller, 1967, págs. 75 y 158, comentan la influencia de esta obra en las *Cantigas* y en la *Estoria de España*). Por su parte, Amador de los Ríos, 1863, pág. 27, incluye dicha obra entre las fuentes de la *Conquista*. En torno a las lecturas del Rey Sabio, véanse: Pérez de Guzmán, 1905, pág. 131, y Rubio García, 1985, págs. 531-51.

> Ca segund los españoles son esforzados et ardides et guerreros, e los franceses son ricos e asoseguados et de grandes fechos, et de buena barrunte e de vida ordenada, e otrosi seyendo acordadas estas dos gentes en uno, con el poder e con el haber que habrán no tan solamente ganarán a España, mas todas las otras tierras que son de los enemigos de la fee contra de la Iglesia de Roma, et será tan grande que todos los fechos de Ultramar de los logares que son contra ellos con estas dos gentes los podrán acabar muy ligeramente sin quesieren guardar e de ser de nuestro linaje, que los buenos sin culpa hereden lo que los malos pierdan por sus merescimientos, procomunal será de nuestro señorio. (pág. 209)

Este primer testamento es más interesante aún, si cabe, que el segundo, ya que deja más al descubierto la motivación del Rey Sabio, quien, tras el patético relato de sus fracasos y desventuras, maldice y deshereda a su hijo Sancho y deja la corona de Castilla a sus nietos, los infantes de la Cerda o, en su defecto, a Felipe III. Para justificar la tremenda decisión de dejar la corona de Castilla al rey de Francia, Alfonso X revive y transforma un viejo sueño: la gran cruzada europea. El Rey Sabio explica que esta decisión es, no sólo política, sino también religiosa, puesto que la unión de dos pueblos tan importantes como el español y el francés producirá una fuerza colosal que vencerá a los infieles en el Sur de Andalucía, en el Norte de Africa y en Palestina, y que dominará la cristiandad. Lo que Luis IX y Alfonso X no han conseguido, lo conseguirán sus sucesores, que crearán una especie de imperio hispano-francés y que vencerán a los infieles en todos los frentes. Nuevamente, el Rey Sabio se consuela de sus sueños rotos con otros sueños, transfiriendo el proyecto de reconquista de Andalucía heredado de su padre castellano y el proyecto de conquista de Palestina heredado de su madre alemana a sus sucesores franceses[8].

Ultimamente se ha desmitificado la figura del Rey Sabio, que ya no se presenta como el rey al que «de tanto mirar al cielo se le cayó la corona». Los estudiosos señalan que Alfonso X no legó a su sucesor un reino menor que el que había heredado de su antecesor, sino algo mayor, por lo que su reinado no puede considerarse tan insatisfactorio. Según se manifiesta en la *Estoria de España,* Fernando III le dijo a Alfonso X antes de morir:

> «Fijo, rico fincas de tierra et de muchos buenos vasallos, mas que rey que en la cristiandat ssea; punna en fazer bien et ser bueno, ca bien as con que». E dixol mas: «Ssennor te dexo de toda la tierra de la mar aca, que los moros del rey Rodrigo de Espanna ganado ouieron; et en tu sennorio finca toda: la vna conquerida, la otra tributada. Sy la en este estado en que te la yo dexo la sopieres guardar, eres tan buen rey como yo; et si ganares por ti mas, eres meior que yo; et si desto menguas, non eres tan bueno como yo». (II, págs. 772-73)

---

[8] Acerca de los dos testamentos, véanse Daumet, 1914, pág. 83, y Bernadou, 1949, pág. 80.

Los objetivos establecidos por Fernando III para su sucesor son relativamente modestos: reconquistar más «tierra de la mar aca». Alfonso X logró estos objetivos, aunque mínimamente, ya que no acabó de reconquistar Andalucía. Sin embargo, estos mínimos logros debieron de parecerle un fracaso total a un monarca que había sido precedido en la reconquista por los enormes éxitos de su padre, Fernando III de Castilla, y de su suegro Jaime I de Aragón, y que era contemporáneo de Eduardo I de Inglaterra, Luis IX de Francia y Federico II de Alemania, reyes todos que participaron con más o menos éxito en la conquista de la «tierra de la mar alla». Alfonso X debía de sentirse frustrado al respecto. Quizás para aplacar su frustración ordenase la traducción de la *Conquista,* como cree Mondéjar (1777, pág. 471). El interés del Rey Sabio por las cruzadas está claro y su afición a las crónicas es conocida. Desde un punto de vista histórico y literario, su candidatura para la autoría de la *Conquista* no resulta inverosímil. Desde luego, resulta más verosímil que la candidatura de Sancho IV, cuyo interés por las cruzadas y cuya afición a las crónicas fueron incomparablemente menores[9].

Se ha dicho que, si Alfonso X hubiese sido el autor de la *Conquista,* ésta contendría más alusiones a él. Lo cierto es que la *Conquista* contiene muy pocas alusiones a los reyes de Castilla, por lo que este argumento no puede usarse ni a favor ni en contra de ninguna de las dos candidaturas (véase Gómez Pérez, 1963-64, pág. 14).

Las únicas pruebas textuales que tenemos sobre ambas candidaturas son las cláusulas de atribución contenidas en los manuscritos y en el prólogo de la edición príncipe, que, como ya hemos visto, contienen errores y omisiones. Por cierto que la cláusula de atribución más perfecta es, precisamente, la del prólogo de la edición príncipe, sin errores y con omisiones, pero omisiones similares a las que aparecen en otros documentos de o sobre Alfonso X de cuya autenticidad nadie duda. Por ejemplo, en el nombramiento de Juan García de Villamayor como almirante se usan los títulos de «rey de Castiella et de Leon, e de Gallicia e del Algarbe e del Andaluzia» y en el fuero de Campomayor se usan los títulos de «rey de Castiella, e de Leon e de Andalucia» (Ballesteros-Beretta, 1963, págs. 273 y 359). La selección de títulos del rey que presenta la cláusula de atribución del prólogo de la edición príncipe es, pues, semejante a la de algunos documentos alfonsinos, por lo que no puede considerarse como una falsificación.

En esta cláusula de atribución, Alfonso X anuncia que va a contar «todo el fecho de Ultramar» desde Mahoma hasta San Luis. Es decir que va a comenzar por el principio, pero no va a acabar por el final. El Rey Sabio pudo haber tenido por lo menos dos razones para querer terminar la

---

[9] Sobre los intereses históricos y literarios de Sancho IV, véanse Gaibrois de Ballesteros, 1922-28 y Kinkade, 1972. Gaibrois de Ballesteros señala que a Sancho IV le interesaban los asuntos internacionales sólo desde el punto de vista del provecho de Castilla (II, pág. 228) y que su empresa principal fue la reconquista (II, pág. 58). Kinkade apunta que le interesaba la historia sólo desde un punto de vista moral (pág. 1045) y que las obras que emprendió — el *Tesoro,* el *Lucidario* y los *Castigos*— fueron todas de carácter didáctico (pág. 1039).

narración en este punto y no en otro. Una, que el original francés de que dispusiese terminase ahí. Recuérdese que el *Eracles* circuló en varias versiones desde mediados hasta finales del siglo XIII (véase Stresau, 1977, pág. 30). Otra, que quisiese terminar la obra ahí a causa de su acercamiento a Francia. Obsérvese que el parentesco de Luis IX con la familia real castellana se señala en el prólogo de la edición príncipe de la *Conquista* de modo parecido a como se señala el parentesco de Felipe III con la familia real castellana en el primer testamento de Alfonso X. Parece que el Rey Sabio tenía muy presente la relación de Luis IX y de Felipe III con su bisabuelo, Alfonso VIII de Castilla. En sus testamentos se ha visto que lo que ambicionaba era una continuación de las cruzadas a cargo de la familia real hispano-francesa. La traducción y compilación de unas obras francesas sobre las cruzadas, desde Mahoma hasta San Luis, es la clase de tarea que bien pudo haber emprendido el Rey Sabio en los últimos años de su vida. La relación entre los proyectos históricos y los proyectos literarios de Alfonso X fue muy estrecha, como ha demostrado Charles F. Fraker (1978) respecto a la *Estoria de España*, que el Rey Sabio abandonó cuando, fracasadas sus ambiciones imperiales, se dio cuenta de que no podría acabar la crónica, ya que no podría anudar los dos hilos narrativos de la historia de España (godos) y de la historia del Imperio (romanos) al llegar a su reinado, que iba a ser el fin de la crónica. De la misma manera que la muerte de un sueño histórico le hizo abandonar una obra literaria, el nacimiento —o, más bien, renacimiento— de otro sueño histórico pudo haberle hecho emprender otra obra literaria: la *Conquista*.

En vista de la falta de pruebas textuales en contra de la autoría de Alfonso X y de la existencia de argumentos históricos y literarios a favor de ésta, no es imprudente concluir que pudo haber comenzado la *Conquista*, lo que justificaría las cláusulas de atribución del prólogo de la edición príncipe y del manuscrito 1698, y Sancho IV pudo haberla continuado, lo que justificaría las cláusulas de atribución de los manuscritos 1187 y 1920.

Si el Rey Sabio tenía motivos para querer comenzar la *Conquista,* el Rey Bravo tenía motivos para querer continuarla, ya que, según ha señalado Gaibrois de Ballesteros, Sancho IV asumió los proyectos culturales de Alfonso X, protegiendo los «Estudios generales» de Salamanca y Valladolid y fundando la Universidad de Alcalá (I, pág. 25). En 1291, al caer San Juan de Acre en poder de los infieles, Nicolás IV mandó predicar la cruzada (II, pág. 142). En 1292, hubo un concilio provincial en Valladolid para discutir la cruzada (II, pág. 172). El mismo año, Sancho IV tomó Tarifa (II, página 182). En este ambiente, se comprende que Sancho IV continuase, precisamente, estos dos proyectos de Alfonso X: la *Estoria de España,* relacionada con la toma de Tarifa, y la *Conquista,* relacionada con la cruzada, dos temas de actualidad.

La redacción de la *Estoria de España* se acabó después del reinado de Sancho IV. Es probable que lo mismo haya sucedido con la redacción de la *Conquista,* que pudo haber sido interpolada varias veces hasta alcanzar su forma actual después del reinado de Sancho IV, como sugiere el Padre

Sarmiento (1775, pág. 290). Las cláusulas de atribución de la obra a Alfonso X y a Sancho IV y las interpolaciones que indican una fecha posterior, como la que se refiere a la disolución de la orden de los templarios, que tuvo lugar en 1310, no son, en realidad, contradictorias, si se tiene en cuenta la tradicionalidad de las crónicas, que, como otras obras medievales, estaban sujetas a continuaciones y a enmiendas[10]. La tendencia de los críticos a negar la autoría del Rey Sabio respecto a muchas de las obras atribuidas a él, que ha durado un siglo, ha afectado particularmente a la *Conquista,* más problemática y menos estudiada que otras obras atribuidas a Alfonso X. Parece, sin embargo, que, tras cien años de dudas y vacilaciones, ha llegado el momento de tomar en serio la posibilidad de que la *Conquista* haya sido comenzada por el Rey Sabio, continuada por el Rey Bravo y acabada posteriormente, que no es más que la posibilidad de que esta obra haya seguido la trayectoria típica de las crónicas medievales.

---

[10] La obra ya estaba en circulación en 1313-14, ya que se conservan dos cartas fechadas de estos años en las que Jaime II de Aragón, quien, muy interesado por las cruzadas, negociaba entonces su matrimonio con la princesa chipriota María de Lusignan, le pidió a su hija, la infanta doña María, esposa del infante don Pedro de Castilla, «un livro, que fue del rey de Castiella, de las istorias de la conquista de Antiocha, e de istorias de los signos, e en el qual livro ha istorias del rey Godofler, e del conte de Bellmont, e del conte de Tholosa, e del conte que hovo siete infantes con set collares d'argent» rogándole que lo haga «translatar e escrivir en paper». Véanse Martínez Ferrando, 1948, págs. 88 y 111, y Giménez Soler, 1932, pág. 439. Martínez Ferrando no dice de qué rey se trata. Giménez Soler afirma que se trata de Alfonso X. Los textos citados por ambos, sin embargo, no aclaran la identidad de este personaje, que se presenta más como propietario que como autor del libro y que no sólo puede ser Alfonso X, sino también Sancho IV o, incluso, Fernando IV, que murió en 1312.

III

UN PLANTEAMIENTO MUY EPICO

Frente a algunas obras de la época en las que el prólogo no está marcado ni separado físicamente de la obra, en *La gran conquista de Ultramar* el prólogo está claramente delimitado por una frase al principio («Aquí comiença el noble prólogo de la *Gran conquista de Ultramar*») y otra al final («El prólogo se acaba, y comiença el primero libro»)[1]. Este tipo de delimitación no es exclusivo de esta crónica, sino que aparece también en otras obras contemporáneas, particularmente en las crónicas de Alfonso X, en las que es bastante frecuente. Efectivamente, en general, tanto en la *Estoria de España* como en la *General estoria* se marcan los principios y los finales de los prólogos. De vez en cuando no se marca ninguno de los dos, como sucede en el prólogo de la segunda parte de la *Estoria de España,* en la que, aunque el prólogo está separado físicamente de lo anterior y de lo siguiente, no hay fórmulas de delimitación. A veces se señala el principio, según se ve en el prólogo del Libro X de la primera parte de la *General estoria,* que comienza con la fórmula «Prólogo». A veces se señala el final, según se ve en el prólogo del Libro VIII de la primera parte de la *General estoria,* que acaba con la fórmula «El prólogo se acaba e comiença se el libro». Con frecuencia, sin embargo, se marcan el principio y el final, como sucede en el prólogo del Libro XXVI de la primera parte de la *General estoria,* que comienza con la fórmula «Prólogo» y acaba con la fórmula «El prólogo se acaba. Agora oyd las razones del libro». Lo mismo pasa en el prólogo de la primera parte de la

---

[1] Sobre la estructura y la técnica del prólogo en general, véanse Porqueras Mayo, 1957; De Ley, 1976; Hunt, 1970; y Cárdenas, 1985.

Estoria de España, que principia con la fórmula «Prólogo» y finaliza con la fórmula «Comiença ell estoria». Por su tipo de delimitación, el prólogo de la *Conquista* está, pues, en la línea de los prólogos alfonsinos.

Aparte de bien delimitado, el prólogo de la *Conquista* está bien estructurado, con cuatro partes claramente definidas y lógicamente articuladas:

1. Dios le dio al hombre el entendimiento y los cinco sentidos, vista, oído, olfato, gusto y tacto, para lograr el saber:

> Nuestro Señor Dios, quando formó el hombre a su ymagen e semejança, puso en él entendimiento para saber e conoscer todas las cosas. E porque esto pudiesse saber más complidamente, dióle cinco sentidos, assí como ver, oýr, oler, gustar e tentar. E estos cincos sentidos se ayudan unos a otros; que el oýr torna en ver, assí como la cosa que oye hombre dezir, e después véela que es assí, e el ver en oýr, que muchas cosas vee el hombre que las conosce por lo que oye dezir, que de otra manera no sabría qué eran. E assí es de los otros sentidos; que comoquier que cada uno sea sobre sí, todos se tienen e ayudan unos a otros, e ayudan al hombre a bevir, e a entender con la razón que puso Dios en él, porque supiesse discernir las cosas. (I, 1)

2. El sentido más ligado al entendimiento y más necesario para lograr el saber es el oído:

> E comoquier que estos cinco sentidos sean todos muy buenos, e los sabios antiguos fablassen en ellos, e departiessen de cada uno las bondades que en él havía, en fin tovieron que el oýr es más necessario al saber e entendimiento del hombre; porque aunque el ver es muy buena cosa, muchos hombres fueron que nascieron ciegos, e muchos que perdieron la lumbre después que nascieron, que deprendieron e supieron muchas cosas e ovieron su sentido complidamente. E esto les causó el oýr; que oyendo las cosas e faziéndogelas entender, las deprendieron tan bien o mejor como otros muchos que ovieron sus sentidos complidos. E muchos otros que tuvieron los otros sentidos complidos, e por el oýr que les faltó, perdieron el entendimiento, e algunos dellos la habla; e no supieron ninguna cosa, e fueron assí como mudos. E demás, por el oýr conosce hombre a Dios e los santos, e las otras cosas muchas que no vió, assí como si las viesse. (I, 1-2)

3. Los hombres deben cultivar este sentido oyendo los hechos de los antepasados:

> E pues que tan gran bien puso Dios en este sentido, mucho deven los hombres obrar bien con él, e trabajar siempre de oýr buenas cosas, e de buenos hombres e de aquellos que las sepan dezir, e oýr los libros antiguos e las ystorias de buenos fechos que fizieron los hombres buenos antepassados. E aquel que esto fiziere, ayudarse ha bien del sentido del oýr. (I, 2)

4. Alfonso X mandó traducir los hechos de Ultramar, oídos por él en otro tiempo:

> Por ende, nos, don Alfonso, rey de Castilla, de Toledo, de León e del Andaluzía, mandamos trasladar la ystoria de todo el fecho de Ultramar, de como passó, según lo oýmos leer en los libros antiguos, desque se levantó Mahoma hasta que el rey Luys de Francia, hijo del rey Luys e de la reyna doña Blanca, e nieto del rey don Alfonso de Castilla, passó a Ultramar e punó en servir a Dios lo más que él pudo. (I, 2)

Tanto la cláusula de introducción (las tres primeras partes del prólogo) como la cláusula de atribución (la última parte del prólogo) hablan del oído, lo que concuerda con la sensación general de relato oral que produce la obra, que está llena de expresiones como «De que vos diximos» (I, 17) y «Una cosa diremos» (I, 17). Las expresiones de «decir» pueden asociarse tanto con la vista como con el oído. Así, unas se asocian con la vista:

> E la razón por qué esta desavenencia fue entre el Apostólico e el Emperador vos queremos agora dezir, porque los que leyeren la ystoria sepan más ciertamente cómo los hechos passaron. (I, 39)

Asimismo, otras se asocian con el oído:

> Quando el Papa ansí andava, llegó a él Pedro el Hermitaño, assí como vos ya diximos, e contóle su embaxada, assí como ya os es dicho. E aquella respuesta le dió el Apostólico, según que oýstes. (I, 42)

Frente a estas expresiones de «ver» y de «oír» asociadas con «decir», hay pocas expresiones exclusivamente de «ver», pero hay bastante expresiones exclusivamene de «oír»: «Que oýstes» (I, 17), «Como adelante oyréys» (I, 21). La abundancia de las expresiones de «oír» induce a asociar las de «decir» con el habla más que con la escritura, lo que produce todavía mayor sensación de relato oral. Esta sensación, que, por lo menos en parte, puede deberse a la influencia de las abundantes fuentes épicas de la obra, es recogida y glorificada en el prólogo, que eleva el relato oral a la categoría de procedimiento pedagógico más adecuado para transmitir el saber. La adopción de técnicas narrativas de la poesía épica que se hace en las crónicas de Alfonso X es conocida. En la *Conquista* simplemente se efectúa una incorporación más generosa de estas técnicas que la que se realiza en la *Estoria de España* y en la *General estoria*.

En los prólogos alfonsinos es frecuente la mención de la tres potencias del alma —memoria, entendimiento y voluntad—, particularmente de las dos primeras. La memoria está ligada a la vista, que es el sentido más necesario para la conservación del saber, ya que sirve para leer y escribir los hechos de los antepasados, mientras que el entendimiento está ligado al oído, más necesario para la transmisión del saber, puesto que vale para escuchar y contar los hechos de los antepasados. La vista tiene una función erudita y el oído una función pedagógica. El énfasis que se da a la vista en los prólogos iniciales de la *Estoria de España* y de la *General estoria* contrasta con el énfasis que se da al oído en el prólogo de la *Conquista* y refleja una utilización diferente de los hechos de los antepasados.

Efectivamente, en el prólogo inicial de la *Estoria de España* se dice:

> Mas por que los estudios de los fechos de los omnes se demudan en muchas guisas, fueron sobresto apercebudos los sabios ancianos, et escriuieron los fechos tan bien de los locos cuemo de los sabios, et otrossi daquellos que fueron fieles en la ley de Dios et de los que no, et de las leys de los sanctuarios et las de los pueblos, et los derechos de las clerezias et los de los legos; et escriuieron otrossi las gestas de los principes, tan bien de los que fizieron mal cuemo de los que fizieron bien, por que los que despues uiniessen por los fechos de los buenos punnassen en fazer bien, et por los de los malos que se castigassen de fazer mal, et por esto fue endereçado el curso del mundo de cada una cosa en su orden. (I, pág. 3)

De manera similar, en el prólogo inicial de la *General estoria* se dice:

> Et fizieron desto muchos libros, que son llamados estorias e gestas, en que contaron delos fechos de Dios, e delos prophetas, e delos sanctos, et otrossi delos reyes, e delos altos omnes, e de las caualleries, e delos pueblos; e dixieron la uerdat de todas las cosas e non quisieron nada encobrir, tan bien delos que fueron buenos como delos que fueron malos. Et esto fizieron, por que delos fechos delos buenos tomassen los omnes exemplo pora fazer bien, et delos fechos delos malos que reçibiessen castigo por se saber guardar delo non fazer. (I, pág. 3)

En los dos textos se habla de contar tanto los hechos buenos como los malos y se explica el uso que ha de hacerse de ellos: imitar los primeros y evitar los segundos. En ambos textos se habla de hechos de varias clases: religiosos y políticos. En cuanto al tiempo, se trata de un período muy largo. En la *Estoria de España* se quieren cubrir los hechos sucedidos en España «desdel tiempo de Noe fasta este nuestro». En la *General estoria* se desean abarcar los hechos sucedidos en el mundo «desde que fue començado fastal nuestro tiempo». Y, tanto en un texto como en otro, se citan las fuentes y se habla de «ayuntar» y «componer», de «escoger» y «poner» los hechos. Frente a esto, en la *Conquista* se habla de «trasladar» los hechos y no se citan las fuentes. En cuanto al tiempo, se trata de un período no muy largo: desde el levantamiento de Mahoma hasta la llegada de San Luis. Por último, estos hechos son sólo de una clase: caballerescos y buenos. La *Estoria de España* y la *General estoria* cuentan los hechos sucedidos a todos los grupos sociales de un territorio: la nobleza, el clero y el pueblo de España, del mundo. La *Conquista* cuenta los hechos sucedidos a un grupo social de varios territorios: la nobleza de unos países europeos. En la *Conquista*, a diferencia de la *Estoria de España* y la *General estoria*, se dice sólo que conviene escuchar los hechos buenos. Esto se debe a que, en éstas se pretende provocar a la reflexión, mientras que, en aquélla, se pretende provocar a la actuación, oponiendo la bondad de los cristianos a la maldad de los moros, según se manifiesta en los veintinueve primeros capítulos de la obra.

En efecto, el capítulo I de la *Conquista* comienza del siguiente modo:

> En aquel tiempo que [bivió] Eraclius, emperador en Roma, que fue buen cristiano e mantuvo gran tiempo el Imperio en justicia e en paz, levantóse Mahoma en tierra de Aravia, e mostró a las gentes necias sciencia nueva, e fízoles creer que era profeta e mensajero de Dios, e que le havía embiado al mundo por salvar los hombres que le creyessen. E escogió todas las cosas en que entendió que mayor vicio havrían e diógelas por ley; e llegó a ssí tanta gente, que fue maravilla, los unos con predicación e los otros por fuerça de armas, e conquistó toda la mayor parte de tierra de Oriente, e puso por todas sus tierras cabdillos. E mandó que aquellos que a su ley no se quisiessen tornar por amor o por predicación, que por fuerça de muerte o de tormento gelo fiziessen fazer; assí que con esto se tornaron muchos a su ley. Desta manera que [es dicha], se apoderó Mahoma de toda aquella tierra en su vida; e después aquellos que sucedieron empós dél más apremiavan a los hombres, porque obedeciessen los mandamientos e la ley que les él mandara creer.
>
> E esto trabajavan todos en fazerlo; mas, sobre todos, el que más trabajava era Omar, hijo de Acab, que fue el tercero rey de Aravia después del rey Mahoma. (I, 5)

En este fragmento se establecen, explícitamente, la maldad de los moros e, implícitamente, la bondad de los cristianos al oponer sus reglas, las de los cristianos como basadas en la virtud y las de los moros como basadas en el vicio. Si la distinción entre la maldad de los moros y la bondad de los cristianos se hubiera mantenido, no habría habido necesidad de emprender las cruzadas. Sin embargo, esta distinción no se mantuvo, según demuestra el hecho de que Eraclius, aunque cristiano, no fuese buen rey y Omar, aunque moro, no fuese malo. Eraclius es débil y Omar es fuerte. Eraclius huye cuando Omar ataca. La debilidad de los reyes cristianos frente a la fortaleza de los reyes moros explica la desairada situación de los cristianos en Tierra Santa, donde están a merced de los moros, que unas veces son tolerantes y otras veces intolerantes. Por ejemplo, Omar, después de tomar Jerusalén, reconstruye los santuarios de los cristianos y los protege. Más tolerante todavía es Aron Arraxid, aliado de Carlomagno, con quien se le compara, gran protector de los cristianos de Jerusalén que también reconstruye sus santuarios. Otros, en cambio, son intolerantes, como sucede con Cosdroe y Haçan, que matan a los cristianos y destruyen sus santuarios. Las relaciones entre los cristianos y los moros se van deteriorando y este deterioro culmina con la llegada de los turcos, que son mucho peores que los anteriores. Las razones de este desastre se explican en el capítulo XVI, en el que se dice que Jesucristo consintió que los turcos tomasen Jerusalén a causa de los pecados de los cristianos, que, en aquel tiempo, no le amaban ni le temían. El capítulo acaba así:

> ¿Qué diremos más, salvo que todo pecado reynava en aquel tiempo? E tan bien era esto en los prelados e hombres de religión como en todos los otros, que los arçobispos e los obispos no osavan castigar al pueblo ni a la clerezía por los males que ellos mesmos fazían; ni los bienes de las yglesias no los davan a los clérigos ansí como devían, ante gelo vendían muy bien. E por todas estas cosas que avemos dicho que los cristianos fazían, sufrió nuestro Señor que aquella gente de los turcos, que tan de coraçón desamavan a su ley, oviessen en poder toda la tierra de Ultramar, do él tomó muerte por nos, e el sepulcro en que él estovo; a aun sufrió que ganassen mayor tierra en Grecia, que fue muy gran quebranto a toda la cristiandad, según agora diremos. (I, 27)

Parece que esto es una alusión a la gran corrupción que imperó en Europa en el tiempo anterior a las cruzadas. Los pecados de los cristianos de Europa los pagan los cristianos de Tierra Santa, cuya situación se hace insostenible, según se dice en el capítulo XIX. Sin embargo, como se dice en el capítulo XX, los cristianos de Jerusalén no desesperan, sino que suplican a Jesucristo que se apiade de ellos, lo que sucede en el capítulo XXI, donde Jesucristo, que antes había permitido el desastre, ahora envía la salvación en la persona de Pedro el Ermitaño, quien, al ver la triste situación de los cristianos y oír sus lamentos, se decide a actuar y, tras un sueño en el que Jesucristo le anima a llevar adelante su misión, va a Roma a incitar al Papa a organizar las cruzadas.

El objetivo de las cruzadas es lograr la victoria de los cristianos tanto sobre los moros como sobre sí mismos. En realidad, gracias a las indulgencias concedidas por el Papa a los participantes de las cruzadas, ambas son la misma victoria, ya que los cristianos, luchando contra los moros, obtendrán el perdón de sus pecados. Con las cruzadas, los cristianos volverán a identificarse con los buenos y los moros con los malos, restaurándose así el equilibrio original.

En la lucha entre cristianos y moros, que se propone en los primeros veintinueve capítulos del Libro I de la *Conquista,* los cristianos van a ser buenos por el mero hecho de ser cristianos y los moros malos por el de ser moros. Las cruzadas prometen eliminar la ambigüedad moral. De ahí, en parte, la atracción que ejercen y que se palpa en el prólogo, que es muy interesante, porque explica la actitud, a la vez nostálgica y esperanzada, de Alfonso X respecto a esta crónica, cuyo contenido dice haber oído leer en los libros antiguos. El Rey Sabio, que siempre había soñado con dirigir a los cristianos de Europa en contra de los moros de Tierra Santa, acabó teniendo que pedir ayuda a los moros del Norte de Africa en contra de los cristianos de Castilla. Es posible que los problemas de su política interna le hicieran añorar una política externa que los resolviese y que eliminase la ambigüedad moral: las cruzadas.

Parece, pues, que, mientras que la *Estoria de España* y la *General estoria* fueron concebidas como obras de investigación, como empresas eruditas, la *Conquista* fue pensada como una obra de divulgación, como una empresa pedagógica. De ahí que en las dos primeras crónicas se citen las fuentes y se hable de «ayuntar» y «componer», de «escoger» y «poner» los hechos, en tanto que en la última se habla de «trasladar» los hechos y no se citan las fuentes. El énfasis que se da al contar hechos buenos, frente al contar hechos buenos y malos, y al oído, frente a la vista, le da un carácter emocional a la *Conquista,* frente al carácter intelectual de la *Estoria de España* y de la *General estoria.* La *Conquista* tiene un propósito abiertamente propagandístico: incitar a los cristianos a la lucha contra los moros. A este respecto, es de destacar el carácter épico de la *Conquista,* que se presenta como uno de esos cantos de los antepasados de los que habla San Isidoro de Sevilla en su *Institutionum disciplinae,* escrito para la educación de los nobles:

> En el ejercicio de la voz debe cantar al son de la cítara gravemente, con suavidad, y no cantares amatorios o torpes, sino preferir los cantos de los antepasados, por los cuales se sientan los oyentes estimulados a la gloria[2].

El carácter épico de esta crónica ya fue intuido por Garci Rodríguez de Montalvo, quien, en el prólogo del *Amadís,* compara a los héroes de la *Conquista* con los de la *Ilíada* y atribuye a sus aventuras el mismo grado de historicidad o de ficcionalidad:

> Otra manera de más conuenible crédito tuuo en la su hystoria aquel grande hystoriador Titus Liuius para ensalçar la honrra y fama de los sus Romanos, que apartándolos de las fuerças corporales les llegó al ardimiento y esfuerço del coraçón; porque si en lo primero alguna duda se halla, en lo segundo no se hallaría, que si él por muy estremado esfuerço dexó en memoria la osadía del que el braço se quemó, y de aquel que de su propia voluntad se lançó en el peligroso lago, ya por nos fueron vistas otras semejantes cosas de aquellos que menospreciando las vidas quisieron recebir la muerte, por a otros las quitar, de guisa que por lo que vimos podemos creer lo suyo que leymos, ahunque muy estraño nos parezca. Pero por cierto en toda la su grande hystoria no se hallará ninguno de aquellos golpes espantosos, ni encuentros milagrosos que en las otras hystorias se hallan, como de aquel fuerte Héctor se recuenta, y del famoso Achiles, del esforçado Troylos y del valiente Ajaz Thalamón, y de otros muchos de que gran memoria se haze, según el afición de aquellos que por escripto los dexaron. Assí éstas como otras más cercanas a nos de aquel señalado duque Godofre de Bullón en el golpe de espada, que en la puente de Antiocho dio y del Turco armado, que quasi dos pedaços fizo seyendo ia Rey de Iherusalem. Bien se puede y deue creer auer auido Troya, y ser cercada y destruyda por los Griegos, y assí mesmo ser conquistada Jherusalem con otros muchos lugares por este duque y sus compañeros; mas semejantes golpes que éstos atribuyámoslos más a los escriptores, como ya dixe, que auer en effecto de verdad passados[3].

---

[2] Anspach, 1912, pág. 557; traducción mía.
[3] Place, 1959-69, I, págs. 8-9.

UN PLANTEAMIENTO MUY ÉPICO

Lo que le da carácter épico a esta crónica, sin embargo, no es el grado de historicidad o de ficcionalidad de los hechos, sino su tipo de articulación.

Benedicta Ward (1982, pág. 202) y Stephen G. Nichols, Jr. (1983, pág. 9) observan que las crónicas presentan los hechos narrados como resultado de la Providencia divina y establecen relaciones entre ellos y los hechos de la Biblia, en tanto que los poemas épicos reducen los hechos narrados a una oposición entre el bien y el mal y los utilizan con fines propagandísticos[4]. En la *Conquista,* ambos modos de presentación parecen confluir, particularmente al comienzo, según se refleja en el prólogo y en los 29 primeros capítulos de la obra, que constituyen el planteamiento de la lucha entre cristianos y moros. La *Conquista* se presenta, pues, como una crónica particular de hechos caballerescos de marcado carácter épico y, por lo tanto, propagandístico.

---

[4] Sobre las características de los poemas épicos y sus relaciones con las crónicas, pueden consultarse también, entre otros, Bowra, 1952; Southern, 1970-73; Cook, 1980; Lacarra, 1982-83; Pattison, 1983; y Frappier, 1957.

IV

EL ADVENIMIENTO DE LOS LIDERES

La introducción a las cruzadas constituida por el prólogo y los 29 primeros capítulos del Libro I de *La gran conquista de Ultramar* acaba con el Concilio de Clarmonte, en el cual se cruzan muchos «hombres honrados», cuyos nombres se dan al final del capítulo XXIX, en el que se promete contar las aventuras de un «hombre honrado», el «cabdillo» Gudufré de Bullón:

> De la otra parte fueron aý el noble varón Gudufré de Bullón, duque de Lorena, nieto del noble cavallero que dixieron del Cisne, assí como adelante oyredes, e su hermano Baldovín (estos dos nobles varones fueron después reyes de la santa cibdad de Hierusalem, el uno coronado, e el otro no), e un su cormano, que avía nombre Baldovín de Borte, fijo del conde Ugo de Recest. (I, 49)

Estas aventuras, sin embargo, no empiezan hasta el capítulo XLVII, quedando por el medio los capítulos XXX-XLVI, en los que se relatan las aventuras de la «gente menuda», cuyas relaciones con los «hombres honrados» se expresan en el capítulo XXIX:

> La gente menuda del pueblo, que se cruzavan muchos dellos a maravilla, quando veýan que algunos hombres honrados de la tierra donde ellos eran ponían la cruz, llegávanse a ellos e tomávanlos por cabdillos, para aguardarlos en aquel fecho e fazer su mandado. (I, 48)

Estas relaciones de caudillaje no son comprendidas por los cruzados, que cometen el error de dejar partir a la mayoría de la «gente menuda» antes que la mayoría de los «hombres honrados», según se dice en el capítulo XXX:

> Los hombres buenos que se cruzaron acordaron de no yr en uno, porque ninguna tierra no los podría sofrir, ni fallarían lo que oviessen menester —de lo qual les vino después gran daño, como adelante oyredes—; pero pusieron en uno que se ayuntassen allende de la mar a una villa muy grande, que llaman Niquea, que tomaron los turcos por fuerça a los griegos. (I, 50)

En el capítulo XXX se describe la tristeza de los que abandonan a su familia y la alegría de los que la llevan, así como la euforia de todos, cuya autenticidad de sentimientos maravilla a los que la presencian. Impulsados por este fervor, parten los primeros cuatro grupos de cruzados, formados, en su mayoría, por «gente menuda».

El primer grupo, capitaneado por el caballero francés Gualter Sinsaber, cuyas aventuras se narran en el capítulo XXXI, llega hasta Ungría, donde es atacado injustificadamente, pero los «hombres honrados» impiden que la «gente menuda» cometa la imprudencia de vengarse. En Belgraña a los cruzados no les venden provisiones, por lo que la «gente menuda» las roba justificada, pero imprudentemente. Como consecuencia de esto, se entabla una lucha entre los habitantes del país y la «gente menuda» que acaba con la muerte de buena parte de ésta. Los «hombres honrados», viendo que no pueden dominar a la «gente menuda», prosiguen el viaje por lugares despoblados hasta llegar a Constantinopla, donde esperan a Pedro el Ermitaño.

El segundo grupo, dirigido por el predicador francés Pedro el Ermitaño, cuyas aventuras se cuentan en los capítulos XXXII-XLIIII, llega también hasta Ungría, donde venga el ataque al grupo que le había precedido, por lo que en Belgraña se encuentra con que los habitantes del país han huido por miedo a la venganza de los cruzados. Al abandonar Nis, donde habían sido bien tratados, un grupo de alemanes de la «gente menuda» sin conocimiento de los «hombres honrados» ataca injustificadamente a los habitantes del país, los cuales se vengan matando tanto a culpables como a inocentes. Al enterarse Pedro el Ermitaño del desastre, decide firmar la paz con los de Nis, lo que es bien acogido por los «hombres honrados», pero mal por la «gente menuda». Se produce una división y la «gente menuda» lucha contra los de Nis, mientras que los «hombres honrados» se abstienen. La lucha acaba con la muerte de muchos cruzados y con la pérdida de muchos haberes. Tras recibir un mensaje del emperador de Constantinopla, quien, en vista de los destrozos causados en su imperio por el grupo de Pedro el Ermitaño, no le permite entrar en la ciudad, aunque sí acampar cerca, éste llega a Constantinopla, donde se reúne con el grupo de Gualter Sinsaber. Mientras Pedro el Ermitaño va a hablar con el emperador, la «gente menuda» abandona el campamento y toma las aldeas cercanas a Niquea, regresando con un gran botín. Un grupo de alemanes de la «gente menuda», envidiando la suerte de sus compañeros, deja el campamento y toma un castillo cercano a Niquea. El moro Çuleman recupera el castillo y mata al grupo de alemanes. La «gente menuda» se enfrenta con los «hombres honrados» y elige un caudillo, Gudufré Burel, que aconseja vengarse de los moros y tomar Niquea. Los moros, enterados de los planes de los cristianos, salen a su encuentro. Los «hombres honrados» aconsejan a la «gente menuda» que no se disperse, pero ésta no hace caso y cae en una celada. El domingo, estando los cristianos en misa, entran los moros en el campamento y matan y prenden a muchos de ellos. Después de esto, cercan el campamento, por lo que, a los pocos días, parte de la «gente menuda» se rinde a causa del hambre, exacerbada por el hecho de que los moros comen delante de ellos. El obispo de Fores, viendo que unos cristianos son muertos o prendidos y otros se rinden y cambian la fe de Jesucristo por la fe de Mahoma, los amonesta y les recuerda que los que mueran luchando contra los moros irán directamente al paraíso. Los cristianos atacan a los moros y Ricarte de Caumonte hiere a Corvalán, quien contraataca y mata a muchos de ellos. En vista de lo desesperado de la situación, el obispo de Fores aconseja rendirse, lo que se hace. Çuleman y Corvalán se reparten los cautivos. Pedro el Ermitaño, al enterarse del desastre, le pide al emperador de Constantinopla que socorra a unos cristianos que han resistido encerrados en un castillo, a lo que éste accede.

El tercer grupo, dirigido por el predicador alemán Godeman, cuyas aventuras se cuentan en el capítulo XLV, llega también hasta Ungría, donde es bien tratado por los habitantes del país. Sin embargo, unos alemanes del grupo atacan a los habitantes, que contraatacan. El rey de Ungría, entonces, envía un mensaje a Godeman diciendo que los inocentes se entreguen para castigar sólo a los culpables. Cuando Godeman, apoyado por los «hombres honrados», pero en contra de la opinión de la «gente menuda», sigue el consejo del rey de Ungría, la mayoría de los cruzados, culpables o inocentes, son asesinados, escapando sólo unos pocos.

El cuarto grupo, capitaneado por el caballero alemán Hermicon, cuyas aventuras se narran en el capítulo XLVI, llega hasta Ungría, donde los habitantes del país, temiendo que quiera vengar el ataque al grupo que le había precedido, le impiden el paso. Los cruzados, furiosos, lo destruyen todo y tratan de tomar la villa de Manzebrot, pero, mientras están luchando, les entra un miedo tan grande que huyen, ante lo cual los de la villa salen y los matan. Después de esto, los alemanes del grupo regresan a Alemania, mientras que los franceses prosiguen el viaje por mar.

Los hechos relatados en los capítulos XXX-XLVI son la marcha de innumerables caballeros sin tierra, campesinos y vagabundos, encabezados por Pedro el Ermitaño, que tuvo lugar a comienzos de 1096. Estos cruzados atravesaron los Balcanes cometiendo excesos y llegaron hasta Constantinopla. El emperador, alarmado por los excesos cometidos, mandó a los cruzados a Asia Menor, donde sucumbieron a manos de los turcos[1]. La *Conquista* se

---

[1] Sobre este desastre, véanse Runciman, I, págs. 121-41, y Setton, I, págs. 253-65.

basa en la versión de estos hechos incluida en el *Eracles,* complementada por otras versiones contenidas en poemas épicos (véase Stresau, págs. 36 y 103-05).

La selección y la combinación de los hechos narrados responde, por lo menos, a dos propósitos. El primero es justificar los excesos cometidos por los cristianos, distinguiendo entre verdaderos y falsos cruzados. El segundo es justificar la necesidad de un «cabdillo» extraordinario, Gudufré de Bullón, con un antepasado extraordinario, el Caballero del Cisne.

Efectivamente, la convocatoria de las cruzadas parecía haber eliminado la ambigüedad moral. Sin embargo, cuando los primeros cruzados empiezan a matar, no moros, sino cristianos, la contradicción entre el ideal de las cruzadas y su realidad se hace evidente y reclama una explicación. La explicación es que los que cometen excesos no son verdaderos, sino falsos cruzados, según se dice al final del capítulo XLVI:

> Desta guisa que vos diximos fue desbaratada aquella compaña de los pelegrinos que yvan a Ultramar. E todo hombre deve entender que esto acaesció porque yvan en servicio de Dios, no seyendo sus amigos, como dixo el profeta e rey David: que no entraría en la casa de Dios sino aquel que fuesse sin manzilla e fiziesse justicia. Ca aquellos que eran de malas costumbres e de mala vida a demás, yvan faziendo por aquel camino muchas sobervias e muchas fuerças que eran contra justicia, e por esso fueron vencidos, como ya oýstes. (I, 80)

Dios señala mediante milagros quiénes son los malos cruzados, a los que castiga, y quiénes son los buenos, a los que premia. Por ejemplo, en este caso, Dios adelanta la muerte:

> Allí do los de aquella villa de Manzebrot, de que vos ya diximos, estavan en tan gran fatiga —como havedes oýdo— con los de la hueste de los pelegrinos que los estavan combatiendo (ellos estando en aquel peligro, e los de fuera, que los querían entrar por fuerça e matarlos a todos), quiso Dios assí que cayó un miedo tan grande e un tan fiero espanto en los coraçones de aquellos que combatían la villa —sin haver cosa por que lo oviessen haver—, que los unos cayán de las escalas por do sobían al muro, e los otros començaron a huyr, no sabiendo de qué fuera el miedo y el espanto que cogieran; e fue tan maño, que cuydaron todos ser muertos. Los de dentro, quando vieron que assí se yvan los de la hueste fuyendo, toviéronlo por muy gran maravilla, e miraron si lo fazían porque venía a ellos algún acorro, e no vieron ningunos venir, e creyeron que esto, que venía de Dios; e cobraron tan gran esfuerço, que salieron a ellos e mataron quantos pudieron fallar. (I, 80)

Por el contrario, en otro, Dios la retrasa:

> E quando este combate fue ya, dezían missas los cristianos por la hueste, donde acaesció que los turcos entraron por las más primeras tiendas que estavan en el llano e mataron e prendieron muchos cristianos. E fallaron un clérigo que dezía

missa e tenía una hostia en las manos para consagrarla, e vino un turco e dióle una cuchillada por la cabeça tan grande, que le fendió fasta en las narizes. E el clérigo, quando sintió el golpe, alçó las manos a nuestro Señor e rogóle que le recebiesse aquel sacrificio. E nuestro Señor, porque viessen sus enemigos quán gran/[15ra] de es el su poder, no quiso que muriesse ni que le fiziese embargo la sangre fasta que la missa fuesse acabada. E esto vieron los turcos que le estavan en derredor mirando, e fue uno dellos a Çuleman e contóle aquella maravilla que viera; e él vínose luego, e por fazerles creer que no era nada, cortóle la cabeça. E desta guisa recibió martirio aquel hombre bueno, en servicio de Dios, faziendo su sacrificio. (I, 69)

Estos milagros son paralelos a dos episodios que tienen lugar en la introducción de la obra, constituida por el prólogo y los 29 primeros capítulos. En el primer episodio, Dios consiente el mal de los cristianos de Tierra Santa a causa de los pecados de la cristiandad, particularmente de las luchas de los cristianos entre sí. En el segundo episodio, un cristiano de Tierra Santa muere a manos de los moros para salvar a otros cristianos. Ninguno de los episodios puede considerarse como un hecho milagroso, puesto que ninguno de los dos posee aspectos maravillosos. Ambos episodios, sin embargo, están cargados de significado religioso, puesto que son ejemplos de lo que no deben hacer los cristianos —luchar entre sí— y de lo que sí deben hacer —luchar contra los moros y morir a sus manos, si es necesario—, de modo que su mensaje es el mismo que el de los dos milagros citados. La diferencia entre estos dos episodios y los dos milagros reside en la participación divina. Parece que, conforme avanza la narración, los milagros se acumulan y se intensifican con algún propósito. Nichols concibe al héroe de la crónica como un «homo eruditus» capaz de percibir los signos de Dios (1983, página 35). Los milagros son los signos divinos más fáciles de percibir, tanto para los héroes o protagonistas de las crónicas como para sus lectores u oyentes. Benedicta Ward distingue dos tipos de milagros: de venganza o protección y de curas de enfermedades (1982, pág. 67). A estos dos tipos, habría que añadir el milagro semiótico puro, que no cambia la acción, sino su interpretación. A este último tipo pertenecen los dos milagros mencionados, que no encajan en ninguna de las otras dos categorías, ya que no se puede decir que Dios se vengue de los cruzados en el primero ni que Dios proteja o cure al cruzado en el segundo. Lo único que Dios hace es señalar quién tiene razón y quién no la tiene, es decir, significar. Así pues, estos milagros no se parecen a los tradicionales milagros de los santos, porque su función no es atraer peregrinos a un santuario, sino resolver las contradicciones de la mayor peregrinación de la cristiandad a su más importante santuario: Tierra Santa. Sus resultados no son curas, protecciones ni venganzas, sino clasificaciones, aclaraciones y matices, cuyo propósito es distinguir entre los buenos o verdaderos y los malos o falsos cruzados, para defender, de esta manera, la bondad esencial de las cruzadas.

Veamos ahora quiénes son los buenos o verdaderos cruzados. En general, los «hombres honrados» se presentan como mejores que la «gente menuda», lo que está de acuerdo con ciertas teorías medievales sobre la relación entre la clase social y la calidad moral de las personas. Ahora bien, dentro de los «hombres honrados» se hacen distinciones. Los hay malos, como el caballero alemán Hermicon, y débiles, como el caballero francés Gualter Sinsaber. Hay «hombres honrados», en suma, que no son «cabdillos». El contenido de los capítulos XXX-XLVI no es más que una demostración de lo que puede pasar cuando no hay «cabdillos». La complejidad de la situación y la dificultad de la empresa se subrayan, poniéndose en evidencia la enorme necesidad de liderazgo que existe entre los cruzados. En estos capítulos queda claro que sólo podrá dirigirlos un «cabdillo» extraordinario, Gudufré de Bullón, el cual deberá tener un antepasado extraordinario, el Caballero del Cisne. Con esta concatenación de ideas, se pasa del relato de las aventuras de los cruzados al de las aventuras del Caballero del Cisne, que, si se hubiesen contado cuando se mencionaron por primera vez, en el capítulo XXIX, se habrían contemplado como superfluas, pero que, contadas a continuación, en el capítulo XLVII, se ven como necesarias, ya que constituyen una introducción adecuada a las aventuras de Gudufré de Bullón, caballero llamado a ordenar el caos semántico del mundo, restaurando la bondad a los cristianos y la maldad a los moros y procurando una victoria de los primeros sobre los segundos. El tema de los capítulos XXX-XLVI es, pues, el mismo que el del prólogo y los 29 primeros capítulos del Libro I: el deseo de eliminar la ambigüedad moral mediante la Guerra Santa.

El concepto de la Guerra Santa aparece en la cristiandad en el siglo XI, con la reforma de la Iglesia. León IX lo empleó en sus campañas en defensa de los territorios de la Iglesia y Alejandro II lo aplicó a las campañas de los cristianos contra los moros en España. De modo que este concepto ya tenía cierta tradición cuando Urbano II lo tomó y lo combinó con el concepto de la peregrinación para proclamar la cruzada. En su arenga, Urbano II predica la reforma moral de la cristiandad para el éxito de la cruzada, según destaca Aziz S. Atiya, quien alaba la lógica secuencial de este discurso (1962, páginas 20-21).

El voto de los cruzados se simboliza mediante la toma de la cruz y lleva consigo obligaciones y privilegios. La principal obligación es visitar el Santo Sepulcro, no como peregrino regular, sino como peregrino armado y a las órdenes de un superior, según explica James A. Brundage, quien enuncia los privilegios espirituales y materiales de los cruzados. Los primeros comprenden privilegios como: 1) obtener indulgencias, 2) eliminar la censura espiritual, 3) tratar con excomulgados sin incurrir en censura mientras se está en la cruzada, 4) disfrutar de ministerios eclesiásticos durante el interdicto, 5) obtener la absolución de varios tipos de irregularidades canónicas, 6) escoger un confesor personal, 7) liberarse de otros votos, 8) obtener los beneficios espirituales resultantes de las plegarias ofrecidas por los cruzados por la Iglesia. Los segundos incluyen privilegios de tipo: 1) defensivo, 2) legal, 3) financiero, 4) disciplinar (1969, págs. 116, 144-45 y 160).

Muchos cruzados no cumplieron con sus obligaciones y abusaron de sus privilegios, por lo que se hizo evidente la importancia de la reforma moral de la cristiandad para el éxito de la cruzada. Este conflicto entre la bondad oficial y la bondad real de los cruzados es lo que se refleja en los capítulos XXX-XLVI, en los que se prepara el ambiente para el advenimiento del líder, Gudufré de Bullón, caballero que unificará en su persona la bondad oficial y la real y que conducirá a los cruzados al Santo Sepulcro.

V

LAS AVENTURAS DEL CABALLERO DEL CISNE

Las aventuras del Caballero del Cisne son la parte más conocida de *La gran conquista de Ultramar,* debido, sin duda, al hecho de haber sido consideradas como una novela de caballerías y estudiadas como tal por la mayoría de los críticos. Aunque, en rigor, éstas no constituyen una novela de caballerías, ya que no son una obra exenta, sino un fragmento de una crónica, y en ningún momento se indica que sean diferentes a las que las preceden o a las que las siguen, es innegable que poseen un aire caballeresco. Vamos a ver de dónde viene este aire.

Las aventuras del Caballero del Cisne, que abarcan los capítulos XLVII-CXXXVIII del Libro I de la *Conquista* (Cooper, 1979, I, págs. 81-280) suelen dividirse en dos partes, la primera constituida por las aventuras de Isonberta y la segunda por las aventuras del Caballero del Cisne[1]. Esta división se encuentra tanto en los estudios más antiguos sobre estas aventuras como en los más recientes, que son los de Jari T. Engelmann (1974) y Christine R. Stresau (1977). Según Engelmann, las aventuras del Caballero del Cisne pasan de folklóricas a épicas en las cuatro versiones romances que se conservan de ellas —las francesas *Dolopathos, Elioxe* y *Beatris* y la castellana *Isonberta*—, en las que hay un proceso, primero, de reducción de la función y, después, de desaparición del personaje de la hermana, la cual libera a sus seis hermanos en *Dolopathos* y en *Elioxe,* mientras que en *Beatris*

---

[1] Las principales ediciones de las cuatro versiones romances que se conservan del episodio del Caballero de Cisne son: Brunet y Montaiglon, 1856; Todd, 1889; Hippeau, 1874-77; y Mazorriaga, 1914.

y en *Isonberta,* que son versiones estrechamente conectadas, el héroe es el Caballero del Cisne, el cual libera a su hermana y a sus cinco hermanos, en la versión francesa, y a sus seis hermanos, en la versión castellana (págs. 32-33). Engelmann distingue dos partes en la versión castellana de las aventuras del Caballero del Cisne, la segunda más parecida a la versión francesa que la primera (pág. 48). Para Stresau, la importancia que cobra el Caballero del Cisne como héroe liberador indica el paso de ese episodio de folklórico a épico (pág. 65). Stresau discierne dos partes en las aventuras del Caballero del Cisne —*Les enfants cygnes* y *Le Chevalier au Cygne*—, que considera como dos relatos diferentes unidos a causa de la presencia de cisnes en ambos (pág. 65). Como se ve, tanto Engelmann como Stresau señalan los orígenes folklóricos de las aventuras del Caballero del Cisne y su evolución hacia la épica y opinan que están divididas en dos partes. Sin embargo, ninguna de las dos explora a fondo los orígenes folklóricos de estas aventuras, que apuntan, no hacia dos, sino hacia tres partes, puesto que, si bien las aventuras de Isonberta contienen sólo una estructura narrativa, que es la del relato de la calumnia de Isonberta, las aventuras del Caballero del Cisne contienen dos estructuras narrativas, que son la del relato de la salvación de Beatriz y la del relato de la boda del Caballero del Cisne.

* * *

La primera parte de la vida del Caballero del Cisne, constituida por el relato de la calumnia de Isonberta, que comprende las páginas 81-121 del tomo I, comienza con la introducción de la infanta Isonberta, hija de Popleo y de Gisanca, reyes de una tierra de Asia. Su padre quiere casarla contra su voluntad y ella se escapa en un batel sin remos y sin velas, pero con comida, que la lleva a una tierra desierta, coto de caza del conde Eustacio. Asustada por los perros del conde, la infanta se mete en una encina hueca, donde es encontrada por éste, que la lleva a su castillo y se casa con ella, a pesar de la oposición de su madre, la condesa Ginesa. Poco después de la boda, el rey llama al conde a la guerra y, como el conde no acude con la debida rapidez, porque no quiere separarse tan pronto de Isonberta, el rey le castiga a pasar 16 años luchando contra los moros en la frontera. En su ausencia, Isonberta da a luz a siete hijos, siendo acusada por la condesa Ginesa de haber dado a luz a siete podencos y sufriendo toda clase de penalidades hasta que es rescatada por su hijo mayor el Caballero del Cisne.

Esta parte de la vida del Caballero del Cisne pertenece al grupo de relatos folklóricos de «esposas acusadas». De acuerdo con Margaret Schlauch, los relatos folklóricos de «esposas acusadas» reflejan la realidad histórica de un pasado remoto, a saber, el cambio de un régimen matriarcal, en el que el marido vive con su madre y visita a su esposa furtivamente, a un régimen patriarcal, en el que el marido abandona a su madre y vive abiertamente con su esposa, la cual, en los relatos folklóricos de carácter más primitivo es acusada por su suegra, resentida por haber sido desplazada, y en los relatos folklóricos de carácter más moderno es acusada por un villano, despechado por haber sido rechazado (1927, págs. 12-61). Schlauch distingue cinco tipos de acusaciones —infanticidio, nacimiento de animales, brujería, ruptura de un tabú e infidelidad— y explica que la acusación de infidelidad es moderna y que la de nacimiento de animales es primitiva, siendo posible en sociedades que no conocen la naturaleza de la paternidad (págs. 59-61). El relato de la calumnia de Isonberta parece, pues, una versión de los relatos folklóricos de «esposas acusadas» de carácter bastante primitivo, ya que en él la esposa es acusada por su suegra, combinándose la acusación de nacimiento de animales con la infidelidad basada en el parto múltiple, que son dos acusaciones relativamente primitivas.

Estas acusaciones, sin embargo, están hechas con gran sofisticación. Cuando Isonberta da a luz a siete hijos y baja un ángel del cielo a ponerle un collar de oro a cada uno, Bandoval se entristece, ya que en ese tiempo el parto múltiple se castigaba como delito de infidelidad. No obstante, en vista de las circunstancias, Bandoval llega a la conclusión de que los hechos apuntan hacia un probable milagro de Dios y no hacia una posible infidelidad de Isonberta y así se los presenta a Eustacio en sus cartas. El mensajero que lleva las cartas para en el castillo de la condesa Ginesa y le da la noticia. A la condesa le pesa mucho lo sucedido, ya que lo tiene por milagro de Dios, y le roba las cartas al mensajero, cambiándolas por otras que dicen que Isonberta ha tenido siete podencos con collares de oropel. Llama la atención que, en su mentira, la condesa Ginesa sustituya, no sólo niños por podencos, sino también collares de oro por collares de oropel. Este detalle, que parece superfluo, es fundamental, puesto que con él la condesa elimina la ambigüedad que los collares de oro le habían dado al nacimiento de los siete niños al contraponer milagro e infidelidad. Los collares de oropel, en cambio, le confieren claridad al nacimiento de los siete podencos al sumar brujería y bestialidad. Mediante esta doble mentira, Ginesa hace inexcusable el castigo de Isonberta.

Con lo que no cuenta la condesa, sin embargo, es con el amor que Eustacio siente por Isonberta, que es tan grande que le hace reaccionar de la siguiente manera:

> E bien sabía él, según el mandado que le llegava, e el uso e costumbre de su tierra, e según el mal fuero, que merecía la dueña morir; mas tan grande era el amor que con ella tenía, que ni por todo esso no quiso embiarle mala respuesta. E apartóse entonce el Conde, e mandó fazer sus cartas como él tovo por bien; e maguer que el pesar que de la razón de las cartas tenía era muy grande, no quiso, en la respuesta que a su muger embiava, recontar ninguna cosa de que le fuera embiado dezir por las cartas, salvo que embió dezir a Bandoval, el cavallero a quien él dexara su muger e su fazienda encomendada, que, ora sapos, ora podencos, que los fiziesse muy bien guardar fasta que él fuesse. (I, 90)

Eustacio no cree en la culpabilidad de Isonberta y el nacimiento de los siete podencos con collares de oropel le parece un fenómeno extraño que hay que investigar, pero no castigar, por lo que hace caso omiso del mal fuero.

El mensajero que lleva las cartas para en el castillo de la condesa Ginesa, que se las roba, cambiándolas por otras que dicen que se mate a Isonberta y a sus hijos. La condesa está dispuesta a llegar hasta el final, pero fracasa, puesto que Bandoval no se atreve a cumplir la orden, dejando a Isonberta con vida y abandonando a sus hijos en un monte, ya que no cree en la culpabilidad de Isonberta ni de sus hijos y pone la justicia por encima de la ley.

Mientras el problema se mantiene secreto, ni Eustacio da la orden de matar a Isonberta ni Bandoval la cumple, pero la situación se complica cuando Ginesa, para justificar su conducta, dice delante de testigos que lo único que había tratado de conseguir con el cambio de las cartas era que Eustacio castigase a Isonberta de acuerdo con la ley y lavase la deshonra que pesaba sobre su familia y su gente:

> E a estas palabras, que yvan cresciendo, fuéronse ayunta[n]do cavalleros de partes del Conde e de parte de la Condessa, su madre. E todos los más dellos dixieron que la Condessa dezía mucho para meter en culpa a Ysonberta, e que era menester al Conde de se salvar ende; e tanto fueron cresciendo sobre estas razones las palabras, quel Conde no se pudo tirar afuera de no cumplir aquello que era costumbre de su tierra. (I, 106)

Una vez que el problema se ha hecho público, a Eustacio no le queda más remedio que recurrir al juicio de Dios. Isonberta les pide a varios caballeros que la defiendan, pero ninguno osa hacerlo, porque la creen culpable y porque temen a la condesa Ginesa. De la posibilidad de que Eustacio defienda a Isonberta no se dice nada. No es esta generación, sino la siguiente, la que se atreve a hacer caso omiso a la creencia: el Caballero del Cisne acude a lidiar por Isonberta, comenzando con este combate su vida caballeresca. Como se ve, lo que tenemos aquí es un conflicto entre las costumbres primitivas y las modernas. El Caballero del Cisne representa y defiende el mundo moderno, Eustacio e Isonberta ocupan una posición intermedia y la condesa Ginesa representa y defiende el mundo primitivo.

La condesa Ginesa apoya la costumbre primitiva, porque la ayuda a deshacerse de Isonberta, a quien odia, no por razones personales, sino por razones circunstanciales. En efecto, cuando Eustacio lleva a Isonberta a su castillo, Ginesa la recibe muy bien, pero cuando Eustacio intenta seducir a Isonberta y, al no conseguirlo, decide casarse con ella, Ginesa cambia de actitud:

> Quando la Condessa, madre del Conde, esto oyó, pesóle muy de coraçón, e començóle encarecer la razón dello e destorvarlo quanto ella podía, diziéndole

que todo el mundo gelo ternía a mal, e avrían qué dezir dél, en casar con muger que no conocía. (I, 85)

Es decir que el odio de Ginesa por Isonberta aparece en el momento en que queda patente que ésta va a desplazarla. Su justificación por oponerse a la boda deja al descubierto la base folklórica de la obra, ya que consiste en su preocupación por lo que dirá la gente si Eustacio cambia a Ginesa por Isonberta, una mujer de otro clan. Isonberta constituye un claro peligro para Ginesa, quien usa una costumbre primitiva que perjudica a su nuera, el castigo del parto múltiple como delito de infidelidad, para proteger una costumbre más antigua todavía que la beneficia a ella, la pertenencia del hijo a la madre.

Los esfuerzos de Ginesa, sin embargo, no tienen éxito y no puede librarse de Isonberta ni evitar que sus descendientes gobiernen en Oriente en lugar de Occidente y que se cumpla el temido cambio de clan. Así, si el padre de Isonberta, Popleo, era rey de Asia, el hijo de Ida, Gudufre, será rey de Jerusalén:

> E este Cavallero del Cisne ovo en esta Beatriz una fija, a que dixieron Ida. E la duquesa Cathalina, desque vió que su fija era casada con aquel cavallero que le fiziera cobrar su tierra, dió los ducados a su fija, e ella metióse monja. E este Cavallero del Cisne fue llamado duque por razón de su muger, la duquesa Beatriz, e bivió con ella en los ducados bien diez e seys años muy vicioso e muy a su plazer, fasta que le preguntó su mujer cómo avía nombre e de qué tierra era; e por esta razón se ovo de partir della. E el cisne vino por él, e levólo de guisa que lo truxiera; e tornólo do lo avía traýdo, e bivió con su padre fasta que murió. E aquella su fija fue casada con el conde de Boloña, que avía nombre Eustaçio. E este conde ovo en esta Ida tres fijos, Gudufré e Eustaçio e Baldovín, que passaron a tierra de Ultramar. E fue Gudufré el mayor rey de Jerusalem, según lo cuenta la estoria. (I, 120-21)

El Caballero del Cisne, hijo de Isonberta y padre de Ida, es el que une Oriente y Occidente, siendo un puente entre lo cercano y lo lejano, entre lo conocido y lo desconocido, entre Gudufré y Popleo. En cinco generaciones, la familia del Caballero del Cisne hace un viaje que comienza y acaba en Oriente, pasando por Occidente. Gudufré tiene derecho a la tierra de Popleo y la intervención de Occidente en Oriente se justifica plenamente.

* * *

La segunda parte de la vida del Caballero del Cisne, constituida por el relato de la salvación de Beatriz (I, págs. 121-66) comienza con la introducción de la duquesa Beatriz, hija de Bortolot y de Cathalina, duques de Bullón. A la muerte de su padre, Rayner de Saxoña se apodera de su tierra y su madre va a quejarse al emperador, que, de acuerdo con lo sugerido por sus consejeros, propone un juicio de Dios para resolver el asunto. Cuando el juicio de Dios está a punto de fallarse a favor de Rayner de Saxoña por falta de un caballero que defienda a Beatriz y a su madre, aparece el Caballero del Cisne, que accede a defenderlas. Después de extensas deliberaciones de los consejeros del emperador, se estipulan las condiciones del duelo, que es largo y sangriento. Cuando Rayner ve que va a perder, se encomienda al diablo y promete atacar a los desamparados, quemar las iglesias y hacerse moro. El Caballero del Cisne le mata y le corta la cabeza. Entonces los parientes y amigos de Rayner se van de la corte y se vengan matando a toda la gente del emperador que encuentran por el camino y tratando de violar a unas doncellas en un monte, pero ellas se escapan y, tras pasar tres días y tres noches huyendo, encuentran refugio en un convento. Mientras tanto, Cathalina le ofrece la mano de su hija al Caballero del Cisne, quien acepta el casamiento.

Esta parte de la vida del Caballero del Cisne pertenece al grupo relatos folklóricos de «héroes salvadores». Según Vladimir Propp, en algunos estadios de la evolución de algunos pueblos arios el trono no lo heredaba el hijo, sino la hija, cuyo marido pasaba a ser el nuevo rey, matando con frecuencia al rey viejo. Esta sucesión tenía lugar periódicamente. Poco antes de la llegada de la decrepitud, el rey viejo era sustituido por un nuevo rey, ya que del vigor del gobernante dependía la prosperidad del pueblo (1974a, págs. 491-93). Para Propp, los relatos folklóricos de héroes salvadores reflejan esta situación. Antes de obtener la mano de la princesa heredera y el gobierno del reino, el héroe salvador tiene que someterse a unas pruebas, que, además de tener carácter prenupcial, muestran si es capaz de regir la naturaleza, de lo que depende el bienestar de la nación. La muerte del rey viejo a manos del héroe salvador no siempre aparece, sino que muchas veces se sustituye por una cesión pacífica del trono o por una muerte natural o una muerte en la guerra (págs. 493-501).

El relato de la salvación de Beatriz, aunque tiene algunos rasgos peculiares, posee las principales características de los relatos folklóricos de héroes salvadores. En efecto, aunque en lugar de un rey viejo hay un duque, cuya hija no es una princesa heredera sino una duquesa, y este duque muere antes, y no después, de la intervención del héroe salvador, el Caballero del Cisne, la situación es básicamente la misma y el Caballero del Cisne, tras superar una prueba, se casa con la duquesa y sucede al duque. La prueba es el combate con Rayner de Saxoña, al que el Caballero del Cisne le corta la cabeza, presentándosela al emperador:

> Señor Emperador de Alemaña, Dios, que es poderoso sobre todas las cosas del mundo, vos lo agradezca e vos honrre por ello; e todos quantos en esta tierra son, e que son en el vuestro imperio e por todas las tierras del mundo, vos lo deven gradescer a loar. E de mí digo que nuestro Señor, por la su merced, me traya a tal tiempo e a tal sazón, que vos yo pueda servir, e merescer en algún tiempo con gran servicio la grande honrra e la grande merced que tovistes por bien de me fazer, en querer e ser la vuestra merced e tener por bien que la

buena honrrada dueña de Bullon e su fija Beatriz oviessen derecho del tuerto e de la gran fuerça que rescebían, e que yo fuesse su lidiador, e que fuesse defendido e guardado de fuerça e de mal; e todas estas honrras que me fezistes, en tener por bien que fuesse armado de vuestras manos; e me distes vuestro cavallo. E porque vos guardastes en esto tan firmemente justicia e lealtad, quísome Dios ayudar, porque vencí esta lid; e vedes aquí la cabeça del Duque, porque seades cierto que es assí. (I, 158)

El casamiento es el premio que le da Catalina de Bullón al Caballero del Cisne por medio del emperador, al que le dice:

> Señor, bien vees tú quán gran bien nos ha oy Dios fecho por la su merced, e por la justicia e por la bondad deste cavallero que lidió por nos, e quiso poner su cuerpo en aventura, por salvar nuestras vidas e por nuestras honrras; e otrosí, Señor, porque fue la tu merced de nos querer guardar nuestro derecho. E por esto, Señor, la bondad del cavallero e la su mesura tan complida fue con nosotras, e a tan gran peligro metió él su cuerpo por nos fazer cobrar lo nuestro e nos dar vida. Por ende, te ruego que le des mi fija por muger, e yo quiero ser monja e tomar orden, ca pues Dios este plazer tan grande me mostró en este mundo, yo haré de manera que siempre biva en su servicio. E desde aquí dó toda la tierra a mi fija; e por Dios te pido que tú fagas que la tierra que yo dó, e la que ella ha de parte de su padre, que toda sea deste cavallero, ca para tal señor como él conviene, que la sabrá bien defender e servirte con ella. (I, 166)

Puesto que las novelas de caballerías hispánicas se caracterizan por tener como base la estructura de los relatos folklóricos de «héroes salvadores» o de «pruebas matrimoniales» (S. Thompson, 1955-58, motivos H300-H499), el relato de la salvación de Beatriz puede considerarse como la parte que convierte la vida del Caballero del Cisne en literatura caballeresca. Además de tener una estructura típicamente caballeresca, la segunda parte de la vida del Caballero del Cisne tiene un estilo marcadamente caballeresco. Así, en ella hay detalles que recuerdan los de *Zifar*. Por ejemplo, la siguiente narración tiene un paralelo en el episodio de la villa de Galapia:

> E ante que se alongassen para yrse ferir, el Cavallero del Cisne dixo ansí al Duque:
> —Señor duque de Saxoña, ruégovos, por amor de Dios, e por mesura e bondad, que dedes a aquella buena dueña su tierra. E bien sabedes que por fuerça gela tomastes, ansí como el Emperador e quantos hombres honrrados son aquí con él lo testifican e lo afirman, e dizen que es verdad, e lo saben bien, que sin razón e sin derecho gela tenedes; e no gela tomastes sino desque su marido fue muerto e que no avía quien la amparasse. E por esto faríades bien de gela dar, e dexar esta batalla.
> Quando esto oyó el Duque, ovo gran saña, e respondióle ansí como en escarnio, e díxole:
> —Varón, seméjame essas palabras de monje, o de hombre que quiere predicar; e pues ansí es, devriedes ante yr a dezir vuestras missas que entrar

conmigo en este campo, do vos pienso tal parar, ante que la hora de las bísperas sea, que querríades ante ser en cabo del mundo o allá donde venistes, que sufrir lo que vos yo faré. (I, 146)

Asimismo, hay detalles que recuerdan los de *Amadís*. Por ejemplo, la siguiente descripción tiene un paralelo en el episodio de la Insula Firme:

> E la quadra era ochavada, e era tan grande, que havía en cada quadra doze braçadas. E eran aý pintadas muy muchas estorias, assí como la de Troya e la de Alixandre, e otras muchas de los grandes fechos que acaescieron en los tiempos passados. E esto todo era bien fecho a gran maravilla, con letras de oro e con azul, que mostrava cada estoria sobre sí, quál era e de quál fecho. E a la una parte de la quadra estavan veynte e quatro sillas muy ricamente labradas e a gran nobleza, e delante las sillas estava una ymagen, que era metida en un tabernáculo de marfil yuntado con oro e con plata, e obrado de obra muy sotil e muy estraña. E la ymagen era todo de plata e la más sotil obra que nunca hombre vió, e era fecha en figura de rey que estava assentada en su silla, e una corona de oro con piedras preciosas e maravillosamente fecha en su cabeça, e la mano siniestra debaxo del manto, e la diestra tenía tendida como en manera que quería jugar o fazer demanda de alguna cosa. E era dorada muy ricamente en los lugares do convenía; e en la cola del manto e de todas las otras vestiduras, muchas piedras preciosas que eran aý engastonadas, que havían muy gran resplandor, ansí que parecía muy noblemente. Esta ymagen ovieran fecho los sabios antiguos por tal manera, que quando alguno de los veynte e quatro hombres que estavan en las sillas juzgavan derecho, tendía la ymagen el braço en señal de conceder; e quando juzgava tuerto, encogíalo en señal que no otorgava. (I, 137)

El relato de la salvación de Beatriz es, pues, literatura caballeresca por excelencia, ya que presenta la misma estructura y el mismo estilo que las novelas de caballerías hispánicas, en las que, sin duda, influyó. El aire caballeresco de las aventuras del Caballero del Cisne procede, pues, del relato de la salvación de Beatriz, que es un episodio plenamente caballeresco.

* * *

La tercera parte de la vida del Caballero del Cisne, constituida por el relato de la boda (I, págs. 166-280), comienza con las condiciones y las advertencias que le hace el Caballero del Cisne a Beatriz a raíz de su matrimonio, cuando le dice que le permita irse si su señor envía el cisne a buscarlo y que no le pregunte su nombre ni procedencia, so pena de perderlo para siempre. Al poco tiempo, el Caballero del Cisne y Beatriz parten en dirección a Bullon, tierra que gobiernan ejemplarmente, defendiéndola de sus enemigos, los parientes y amigos de Rayner de Saxoña, a los que vencen en dos ocasiones. Cuando ya han pasado siete años desde el casamiento del Caballero del Cisne y de Beatriz, ésta le pregunta a aquél cómo se llama y de dónde és. Entonces el Caballero del Cisne abandona a Beatriz, a pesar de los ruegos de todos y de sus propios deseos, encomendándole el cuidado de su hija Ida al emperador. Beatriz, apesadumbrada por haber perdido al Caballero del Cisne, lleva una vida muy áspera.

Esta parte de la vida del Caballero del Cisne pertenece al grupo de relatos folklóricos de esposos animales. De acuerdo con Vladimir Propp, los relatos folklóricos de esposos animales también reflejan la realidad histórica de un pasado remoto, a saber, la estancia en régimen de comunidad de los jóvenes en las casas de solteros después de la iniciación y antes del matrimonio (1974, págs. 186-89). Propp distingue varias características en la casa de solteros: está en un punto remoto del bosque, es de gran tamaño, está rodeada por una valla, está construida sobre columnas, tiene la entrada tapada y alberga mujeres que actúan como esposas temporales de los hombres, con los cuales a veces tienen hijos y de los cuales con frecuencia reciben obsequios, tales como anillos, flechas, etc. Propp explica que dicho matrimonio en muchas versiones dura siete años, y que la relación del esposo con los animales procede del hecho de que los hombres llevan máscaras de animales en la casa de solteros, la cual está íntimamente ligada con la caza y con el totemismo, mientras que la desaparición final del esposo procede del hecho de que la casa de solteros queda desierta durante el día (págs. 161-86). El relato de la boda del Caballero del Cisne parece, pues, una versión de los relatos folklóricos de esposos animales de carácter bastante típico, ya que en él se hallan el matrimonio que dura siete años, el nacimiento de una hija, el regalo de un cuerno de marfil, la relación del esposo con los animales y la desaparición final del esposo. Este relato está concatenado con el relato anterior mediante la función de la boda, que es la última función de relato de la salvación de Beatriz y la primera función del relato de la boda del Caballero del Cisne. Antes de la boda, el Caballero del Cisne le pone unas condiciones a Beatriz:

> Entonce se levantó en pie el Cavallero del Cisne, e tomó la donzella por la mano e dixo que la recebía por muger, plaziendo al Emperador, su señor, cuyo vassallo él era, e de quien esperava quanto bien él oviesse, e que nunca se partería della mientra que bivo fuesse. Pero con tal pleyto, que guardasse dos cosas: la una, que nunca ella le saliesse de mandado ni fiziesse lo que le él defendiesse; e la otra, si el su señor embiasse por él con el cisne e con el batel que le allí truxiera, que ella que le no pusiesse aý embargo, ca entonce él no dexaría de se yr por cosa que en el mundo fuesse. (I, 166)

Después de la boda, le hace unas advertencia:

> Mas él, ante que ninguna cosa con ella oviesse que ver, díxole assí:
> —Amiga, nos somos casados en uno, assí como a Dios plugo, e yo só muy ledo ende, e me tengo por de buena ventura; mas ruégovos yo que, assí, como yo só tenudo de amar a vos e servos leal, que assí lo fagades vos a mí, e nunca me salgades de mandado ni vayades contra lo que vos yo defendiere.

> E ella respúsole que assí lo faría. E aún le dixo él:
> —Amiga, más quiero que me fagades: que me otorguedes e me prometades que nunca me pregunt[ar]edes quién só, ni de quál tierra, ni cómo he nombre, ca esto vos digo que sería contra mi defendimiento, e perderme ýades; assí que dende a nueve días nos partiríamos para siempre, ca nunca más me veríades. (I, 168)

Las condiciones y advertencias que le hace el Caballero del Cisne a Beatriz a raíz de la boda tienen el mismo significado: que su matrimonio es temporal y que su duración depende, no sólo de la voluntad de los cónyuges, sino también de factores ajenos a su control. Estas prohibiciones aparecen en muchos relatos folklóricos y se cree que pueden tener sus raíces históricas en las prohibiciones asociadas con la iniciación, una de las cuales es la de hablar. De acuerdo con esta teoría, el hecho de que el Caballero del Cisne no quiera decir su nombre ni su procedencia puede ser un reflejo del cambio de personalidad asociado con la iniciación, después de la cual se supone que el iniciado se transforma en un hombre diferente y se olvida de su identidad anterior. Estas prohibiciones se aplican también a las mujeres que viven con los hombres en la casa de solteros, de las cuales Beatriz puede ser un reflejo.

Después de que el Caballero del Cisne ha pasado siete años en Bullón, el lugar remoto y de difícil acceso que puede ser recuerdo de la casa de solteros, Beatriz le hace la fatídica pregunta:

> E quando fue a la noche, que ovieron cenado, fuéronse todos a sus posadas, e ellos echáronse. E el Cavallero del Cisne adormecióse luego; mas ella no podía dormir, e puso en su coraçón que más quería morir que estar sin saber aquello. E en esto tornóse a su marido, e abraçóle muy de rezio e començólo a halagar; e él despertó entonce e tornóse a ella e començóla, otrosí, a abraçar, e preguntóle que havía. E ella díxole que todo el bien del mundo que dueña podía haver havía ella; que no le menguava sino una cosa, e esto era porque no sabía cómo él havía nombre, ni de quál tierra era natural, e que le rogava por Dios e por Santa María, e por el grande amor que le mostrava e por los muchos bienes que en él havía, que gelo dixiesse; ca si ella esto pudiesse saber, tenía que nunca muger del mundo tan bienandante fuera como ella, ni de tan buena ventura. (I, 263-64)

Entonces el Caballero del Cisne se ve obligado a partir:

> E quando pareció el alva, el Cavallero del Cisne se levantó muy triste, e muy cuytado e muy ennegrecido, assí que todo hombre que lo viesse podría conoscer en él que estava bien quito de plazer, e que la carne no sentiría más de se partir el alma della que él, quando se ovo a partir de su fija e de su muger. E vistióse e calçóse, e fue oýr la missa; e quando la ovo oýda, no quiso más tardar, ante fizo luego ensillar su cavallo, e mandó que le truxiessen el escudo e la lança e el espada que él traxiera consigo quando veniera en el batel a la ciudad de Nimaya. E quando esto vieron sus cavalleros e su compaña, preguntáronle que dó quería yr o qué pensava fazer, porque assí demandava

aquellas armas señaladamente. E él díxoles que se quería yr, e que los encomendava a Dios; ca no podía estar que no fuesse, pues complido avía lo que prometiera; demás, que sabía que el cisne venía ya con el batel que le havía de levar de aquella tierra, porque si más aý quisiesse estar, no podría ser que no muriesse. (I, 264-65)

El relato de la boda del Caballero del Cisne concluye con el lamento de Beatriz, que es una secuencia de particular interés, ya que está inspirada en el relato de los amores de Eneas y Dido, el cual, al igual que el relato de los amores de Eros y Psiquis, no es más que otra versión de los relatos folklóricos de esposos animales [2].

* * *

De las tres partes de las aventuras del Caballero del Cisne, la primera y la segunda están yuxtapuestas, mientras que la segunda y la tercera están coordinadas, es decir, unidas con un nexo, que es la función del matrimonio, la cual actúa como una función bisagra que cierra un relato y abre otro. Esta coordinación de las dos últimas partes, que, además, están protagonizadas por el mismo personaje, el Caballero del Cisne, es lo que ha hecho que los críticos las hayan tomado por una sola. Desde el punto de vista estructural, sin embargo, está claro que se trata de dos relatos folklóricos distintos [3].

Así pues, las aventuras del Caballero del Cisne se componen de tres partes bien diferenciadas y de orígenes diversos, pero con un propósito común, que no es tanto glorificar a los antepasados de Gudufré de Bullón como introducir el arquetipo del héroe salvador. En efecto, aparte de glorificar a los antepasados de Gudufré de Bullón, las aventuras del Caballero del Cisne presentan el arquetipo del héroe salvador, el cual tiene, por lo menos, dos caras, que son, en realidad, dos fases de su evolución. Por una parte, es el guerrero que protege a los débiles de los fuertes, que no está ligado a ninguna tierra en particular, sino que viaja por todas, y que no usa más que su nombre de batalla. Por otra parte, es el caudillo que protege a los débiles y a los fuertes de su tierra, a la que está muy ligado, contra los débiles y los fuertes de otras tierras, y que usa su título, además de su nombre de batalla. El aspecto guerrero y el aspecto caudillesco se unen y dan lugar al arquetipo del caballero ideal: buen cazador, experto en el juego del ajedrez, buen esgrimidor, experto en hechos de armas, generoso y justiciero, el Caballero del Cisne arregla edificios y reforma leyes, alcanzando gran fama tanto entre los cristianos como entre los moros. Respetado de amigos y enemigos, el Caballero del Cisne es el arquetipo del líder que los cristianos necesitan para vencer a los moros. Este líder ha de ser capaz de mandar en

---

[2] Sobre los amores del Caballero del Cisne y Beatriz, véase González, 1988b.
[3] Para una identificación y delimitación de estos relatos folklóricos y una detallada presentación de sus personajes y funciones, véanse S. Thompson, 1946 y 1955-58; Propp, 1974b y 1980; Dundes, 1964 y 1980; Lüthi, 1976 y 1984; Lévi-Strauss, 1973; y Greimas, 1973.

los cruzados y de obedecer al Papa. El Caballero del Cisne demuestra ser capaz de mandar y de obedecer en sus relaciones con los vasallos de Bullón y con el emperador de Alemania. No sólo crea, pues, la estirpe salvadora, sino que también crea el arquetipo del héroe salvador. El éxito o el fracaso de las cruzadas dependerá de la medida en que los miembros de esta estirpe se acerquen o se alejen de este arquetipo.

VI

LAS AVENTURAS DE GUDUFRE DE BULLON

Gudufré de Bullón, segundo hijo de Eustacio de Boloña y de Yda de Lorena, nació sobre 1060. Aunque era duque de Lorena, Gudufré no tenía demasiadas posesiones, ya que Lorena se la había concedido en usufructo el emperador de Alemania. Parece que no administró el ducado eficientemente y que el emperador pensaba quitárselo. Por esto y por su simpatía hacia el Papa, debida a la influencia de los cluniacenses, Gudufré decidió participar en las cruzadas. Para financiar la expedición, extorsionó a los judíos de sus territorios y empeñó sus propios bienes, logrando reunir en torno a sí a numerosos nobles de la zona, que, debido a su prestigio como duque de Lorena, lo reconocieron como líder. Antes de partir y a instancias de su madre, hizo algunas donaciones a la Iglesia para salvar su reputación, aparentemente bien merecida, de expoliador de conventos y monasterios. El papel de Gudufré en las cruzadas fue relativamente modesto, destacando menos que otros líderes. Sin embargo, después de la toma de Jerusalén, que tuvo lugar en 1099, fue elegido rey, debido, más que nada, a su falta de enemigos. Aceptó el cargo, aunque no el título, muriendo en 1100, probablemente víctima del tifus[1].

Aunque los historiadores están de acuerdo en que Gudufré de Bullón no fue el líder poderoso y devoto que presenta la leyenda, no están de acuerdo en cuanto al tipo de líder que fue. Unos, como Steven Runciman (1951, I, págs. 145-314), lo presentan como mediocre y vacilante, en tanto que otros,

---

[1] Sobre la vida de Gudufré de Bullón y su participación en la primera cruzada, véanse los libros de Andressohn, 1947, y Peters, 1971.

como Kenneth M. Setton (1955-77, I, págs. 267-380), lo presentan como diplomático y tenaz. Todos coinciden, no obstante, en que fue un líder valiente y gentil. La leyenda exagera su valentía y gentileza, transformándolas en una fuerza y piedad míticas.

En *La gran conquista de Ultramar,* se presta gran atención a las aventuras de los otros líderes, pero más a las de Gudufré, especialmente a las primeras y a las últimas aventuras. En efecto, mientras que los otros líderes destacan por sus hazañas, Gudufré destaca por llegar a ser rey de Jerusalén, final glorioso que reclama un principio glorioso, descender del Caballero del Cisne. Por esta razón, su vida se cuenta entera, desde su nacimiento hasta su muerte, abarcando los capítulos CXXXIX-CCXXXI del Libro I, I-CCLXIIII del Libro II y I-XCIII del Libro III (Cooper, 1979, I, págs. 281-640, y II, págs. 11-553).

* * *

La primera parte de la vida de Gudufré de Bullón, constituida por el relato de su nacimiento y de sus primeras aventuras (I, págs. 281-362), comienza con las cortes que celebra Otto de Alemania en la ciudad de Cambray, en las que Eustacio de Boloña le pide al emperador que le conceda la mano de Yda, hija del Caballero del Cisne y de Beatriz de Bullón, a lo que el emperador accede. La noche de bodas Yda tiene un sueño que Eustacio interpreta como el anuncio de que sus hijos serán reyes de Jerusalén. Más adelante, Yda da a luz a tres hijos a los que llama Gudufré, Eustacio y Baldovín, criándolos a todos personalmente y con tal celo que, en una ocasión en que un ama alimenta a Eustacio, Yda lo pone cabeza abajo hasta que vomita toda la leche ingerida, razón por la cual este hijo es siempre más débil que los otros.

Cuando Gudufré cumple diez y seis años, es armado caballero por su padre, quien le ordena que vaya a pedirle al emperador el ducado de Bullón, lo que consigue, después de lo cual convoca a los nobles de la zona a participar en las cruzadas.

En esta parte de la vida de Gudufré, la *Conquista* se aparta considerablemente de los datos conocidos, ya que idealiza no sólo sus motivos y sus procedimientos para organizar la expedición, sino también su posición respecto a sus hermanos y su relación con el emperador y con los vasallos. La posición de Gudufré respecto a sus hermanos se idealiza en el sentido de que, siendo el segundo hijo del conde Eustacio de Boloña y de la duquesa Yda de Bullón, en la *Conquista* se presenta como el primero. Los críticos señalan que la mayoría de las obras sobre las cruzadas ponen a Gudufré de hijo mayor, debido a su fama. Parece, sin embargo, que hay otra razón: un conflicto entre los datos conocidos y las estructuras folklóricas en el que las segundas triunfan sobre los primeros y las aventuras de Gudufré se calcan de las del Caballero del Cisne, perteneciendo ambas al grupo de relatos folklóricos de héroes salvadores, en los que el protagonista es, o bien el hijo menor, en los relatos de carácter más antiguo, o bien el hijo mayor, en los relatos de carácter más moderno, y el número de hijos suele ser un número mágico, como el tres o el siete. Los autores de los poemas y de las crónicas sobre las cruzadas, encontrando que las aventuras de Gudufré de Bullón y las aventuras del Caballero del Cisne no podían casarse sin modificaciones, adaptaron las primeras a las segundas, transformando al hermano que menos se había distinguido en las cruzadas en el mediano y poniendo al primer rey de Jerusalén de hermano mayor y al segundo rey de Jerusalén de hermano menor. De esta manera, al igual que el Caballero del Cisne y el cisne son el mayor y el menor de siete hermanos respectivamente, también lo son Gudufré y Baldovín. En la *Conquista* se menciona otro hermano llamado Guillén, estableciéndose una distinción entre este hermano y Gudufré, Eustacio y Baldovín. Así, al final de la última parte de la vida de Gudufré de Bullón se explica:

> E este rey Gudufré de Hierusalem ovo tres hermanos muy poderosos; e fue el uno Baldovín, conde de Roax, que fue después dél rey de Hierusalem. E el otro fue Eustacio, que dixeron como a su padre, e fue conde de Boloña (e de aquéste tomó una su hija por muger el conde Estevan de Inglatierra, que dezían Mecuyt). E aqueste Eustacio embiaron después a buscar los ricos hombres de Suria para fazerle rey de Hierusalem, después que murió el rey Baldovín, su hermano, sin heredero; mas él no quiso yr allá, porque sabía bien los engaños de la tierra de Suria. E el quarto de los hermanos ovo nombre Guillén, e éste no fue nombrado en esta ystoria sino agora; pero fue hombre de gran poder e cavallero esforçado, que no fue menos bueno que los otros sus hermanos. E Baldovín e Eustacio fueron con su hermano, el rey Gudufré, a la tierra de Ultramar, e Guillén, que era el quarto hermano, quedó por guardar la tierra. (II, 551)

Y más adelante:

> Una cosa acaeció que fue verdad que no deve hombre dexar de dezir, aunque fue dicho en el comienço desta ystoria; ca la madre destos quatro hermanos que avedes oýdo era santa muger e de buena vida, e por ende no fue maravilla si quiso Dios dezir una profecía por su boca. Ca un día los tres destos quatro hermanos, que eran niños —ca el menor, que dezían Guillén, no era nacido aún—, jugaban unos con otros; e yendo jugando el uno empós del otro, metiéronse todos tres so el manto de la madre. E el conde Eustacio, su marido, entró e vió mover el manto de la dueña, e preguntó qué era aquello. E ella dixo que eran tres príncipes, e que el primero sería duque e rey, e el segundo rey, e el tercero conde. E sin falta fue assí como ella dixo; que el primero hijo fue duque de Bullón e de Lorena, e ovo el reyno de Hierusalem, mas no quiso ser coronado ni sufrió que le llamassen rey. E el segundo fue Baldovín, que reynó empós el Rey, e fue coronado por rey de Hierusalem. E el tercero fue Eustacio, que fue conde de Boloña después de la muerte de su padre. (II, 552)

En los dos párrafos se intenta justificar la ausencia de Guillén de la narración. En el primero se dice que no se ha hablado de Guillén, porque no participó en las cruzadas. En el segundo se dice que cuando este episodio tuvo lugar, Guillén todavía no había nacido. Ninguna de las dos explicaciones resulta convincente ni logra resolver el problema que la presencia de este inventado cuarto hermano plantea, porque Guillén es un personaje que no encaja ni en los datos conocidos ni en las estructuras folklóricas. Por cierto que en ambos párrafos los hermanos se mencionan por orden de importancia y no por el orden folklórico ni por el de nacimiento. Parece que la aparición de Guillén en las fuentes confunde al autor, que se ve obligado a utilizar el único orden de cuya verdad nadie duda, que es el orden de la fama: Gudufré, Baldovín, Eustacio y Guillén. En este sentido, tienen razón los críticos que afirman que la *Conquista* y otras obras sobre las cruzadas ponen a Gudufré de hijo mayor debido a su fama.

Lo que convierte a Gudufré de Bullón en un héroe salvador semejante al Caballero del Cisne es la salvación de la doncella, cuyo paralelo con la salvación de Beatriz es evidente. El planteamiento es igual: Beatriz, huérfana de padre, es desposeída de su herencia por un vecino, Rayner de Saxoña, y la doncella, huérfana de padre y madre, es desposeída de la suya por un pariente, Guión de Montefalcón. La situación de la doncella es más patética que la de Beatriz, ya que no sólo no tiene una madre que la proteja, sino que además su agresor es un pariente:

> En tanto que el Emperador assí estava fablando con Gudufré de Bullón, e faziendo gran gozo con él, vino una donzella ante él que fuera hija del señor de un castillo, que avía nombre Yvén, que fincara huérfana, sin padre e sin madre; e traýa consigo fasta diez cavalleros, que eran sus vasallos. (E ella era muy fermosa a gran maravilla, e venía muy bien vestida.) E quando llegó ant'el Emperador, dexóse caer a sus pies; e lloraba muy reziamente, e començóle a pedir merced que oyesse su querella. E el Emperador le respuso que dixiesse qué quería. E entonce ella començóse a querellar de su primo cormano, que havía nombre Guión, castellán de Montefalcón, que la tenía dessposeýda de quanto le dexara su padre por heredad; e esto que lo no fazía por otra cosa sino porque sabía que no havía quien la compliesse de justicia, ni quien la defendiesse por armas. (I, 306)

La indefensión de la doncella, atacada por su propio primo, quien, como uno de sus parientes masculinos más cercanos, debería ser su defensor, no puede ser más grande. El nudo es semejante: el Caballero del Cisne mata a Rayner de Saxoña y Beatriz recupera su herencia; Gudufré mata a Guión de Montefalcón y la doncella recupera la suya. Es evidente que el duelo de Gudufré y Guión de Montefalcón es una copia del duelo del Caballero del Cisne y Rayner. Así, en ambos duelos hay gajes y rehenes, un intento de arreglar el problema sin combatir por parte del héroe salvador, que amonesta al agresor antes de empezar el combate, una burla del intento por parte del agresor, que se ríe del héroe salvador llamándole monje, una caída del héroe salvador en tierra a causa de un golpe del agresor, una mutilación gradual del agresor por parte del héroe salvador, que acaba matándole y cortándole la cabeza, peticiones de ayuda y acciones de gracias, etc. El desenlace es diferente: por medio del emperador de Alemania y de la duquesa de Bullón, Beatriz se ofrece en matrimonio al Caballero del Cisne y éste, tras imponer ciertas condiciones, la acepta, mientras que la doncella se ofrece a Gudufré y éste la rechaza. El comportamiento de la doncella y de Gudufré es más apasionado que el de Beatriz y del Caballero del Cisne:

> Quando la donzella vio que por Gudufré de Bullón havía la tierra cobrado, cayó a los pies e pidióle merced que della e de quanto havía feziesse a su voluntad. E él respondió que gelo gradescía mucho, mas que aquella lid no tomara él por amor de muger, ni por cobdicia de haver ni de tierra, salvo tan solamente por Dios, e por el derecho que él creýa firmemente que ella tenía. Mas, pues que ella havía cobrado su tierra, no demandava él más, e con aquello era él pagado. (I, 317)

El ofrecimiento de la doncella es más directo y completo que el ofrecimiento de Beatriz ya que, por un lado, se ofrece ella misma a Gudufré, sin utilizar intermediarios, y, por otro, se le ofrece incondicionalmente. Asimismo, el rechazo de Gudufré es más directo y completo que la acepción del Caballero del Cisne, ya que, por un lado, rechaza a la doncella él mismo, y, por otro, la rechaza rotundamente. El comportamiento de la doncella es apasionado en el sentido de que su ofrecimiento es un acto impulsivo causado por su agradecimiento, y el comportamiento de Gudufré es apasionado en el sentido de que su rechazo es un acto espontáneo causado por su pureza. Ni una ni otro piensan antes de obrar de acuerdo con sus sentimientos.

La soltería de los datos conocidos, transformada en pureza por las estructuras folklóricas, convierte a Gudufré en un héroe salvador a lo divino. Frente al Caballero del Cisne, que se casa con la heredera, Gudufré renuncia a ella. Más aún, frente al Caballero del Cisne, que obtiene una tierra mediante el matrimonio con la heredera y recibe otra tierra de su familia en herencia, Gudufré renuncia a ambas:

> Muchas otras cavallerías e bondades fizo el duque Gudufré, que no se podrían todas contar en escripto, porque se alargaría mucho de contar los hechos de la tierra de Ultramar. Ca por lo que havéys oýdo, podedes entender que era hombre poderoso; mas de cómo era franco e largo con nuestro Señor Dios, vos diremos de una cosa sola tan solamente, porque podades entender las otras.
> En el ducado de Lorena havía un castillo de mayor nombradía que todos los otros, ca fuera cabeça del ducado, e llamávanle Bullon, e por aquel castillo levava el sobrenombre. E quando quiso mover para yr complir su romería a Ultramar, dió aquel castillo en limosna a nuestro Señor Dios; e porque era la más alta heredad e la mejor que él avía, dióla a la mayor Yglesia por siempre jamás. (I, 321)

Las donaciones a la Iglesia que hizo Gudufré son transformadas, no con un vago propósito embellecedor, sino con un propósito moralizador muy concreto: destacar que las caballerías de Gudufré no son profanas, sino religiosas, y que a Gudufré no le interesa el favor de la mujer ni la posesión de la tierra, sino el amor de Dios y la recuperación de Jerusalén.

La relación de Gudufré con el emperador y con los vasallos se idealiza en el sentido de que, por una parte, no se cuentan las tensiones que hubo y, por otra, se narran dos «hechos señalados» que ejemplifican la capacidad de Gudufré de mandar en los vasallos y de obedecer al emperador. El primero es la defensa que Gudufré hizo del feudo a raíz de una rebelión de su primo, que quería parte de éste. El segundo es la defensa que Gudufré hizo del imperio a raíz de una rebelión de los sajones, a los que capitaneaba un tal Roel. Estos dos hechos son señalados, porque muestran las dos caras del héroe, su capacidad de mandar en los vasallos y de obedecer al emperador y su capacidad de defender el feudo y el imperio. A este respecto, el comportamiento de Gudufré es paralelo al comportamiento del Caballero del Cisne, que también demuestra ser capaz de mandar en los vasallos y de obedecer al emperador, así como de defender el feudo y el imperio. Gudufré supera al Caballero del Cisne, sin embargo, en cuanto que en estos dos hechos señalados muestra que es, además, capaz de ser humilde, ya que, en el primero, acaba renunciando a su derecho en aras de la paz y, en el segundo, sólo acepta el cargo por sentido del deber. A Gudufré no le interesa la vida de la fama, sino la vida eterna.

Los motivos y los procedimientos para organizar la expedición que tiene Gudufré en la *Conquista* están completamente idealizados, ya que se presenta como una respuesta a un milagro. Así, Halabra hace una profecía:

> E acaesció que aquella noche entró ella en una huerta que tenía, muy fermosa, e començó mirar las estrellas e echar suertes, porque pensava adevinar las cosas que havían de venir. E vió cómo en la tierra de Occidente, e señaladamente del señorío de Francia, eran nascidos tres niños, que avían de ser cabdillos mayores para conquirir la tierra de Suria, e que los dos dellos havían de ser reyes de Hierusalem. Mas, porque no sabía sus nombres, tornó otra vez a catar muy afincadamente, haziendo sus figuras e sus señales muy fuertes, en que fazía ayuntar los espíritus, que le respondían a lo que ella les preguntava, según la manera antigua de los gentiles, de que ella sabía mucho; e después que assí ovo muchas vezes catado, supo los nombres de todos tres hermanos. E pésole mucho después que lo ovo sabido, por el gran daño que conosció que vernía a los moros, e mayormente del duque Gudufré, que era el primero de los tres hermanos; que aquél vió ciertamente que havía de ser rey de Hierusalem, donde lo era entonce un su sobrino, que avía nombre Cornomarán. (I, 323)

Su hijo Corvalán no la cree y se enfada con ella; su sobrino Cornomarán también se enfada, aunque la cree, y va a Occidente a matar a los tres hermanos. Cornomarán, que va disfrazado de palmero, se aloja en el monasterio de Sandrón, cuyo abad le reconoce y le hace confesar su propósito, comunicándoselo a Gudufré por medio del prior. Gudufré convoca a todos sus parientes y amigos y les explica la situación, organizando un gran desfile para asustar a Cornomarán. Este, impresionado, concluye que aquél merece ser rey. Como se ve, Halabra no vaticina el futuro, sino que lo crea, ya que Gudufré organiza la expedición como una respuesta a su profecía. Cornomarán, sin querer, actúa de mensajero, invitando a Occidente a invadir a Oriente. Cabe preguntarse por qué el abad y el prior de Sandrón y los parientes y amigos de Gudufré no prenden a Cornomarán en lugar de intimidarle con un despliegue de fuerza. La respuesta es que lo que quieren no es proteger la vida de Gudufré, sino la verdad de la profecía. Stresau apunta que las profecías de los moros son adivinaciones, mientras que las de los cristianos son revelaciones (1977, pág. 86). Curiosamente, la adivinación de Halabra es interpretada por Gudufré como una revelación de Dios, es decir, como un milagro. El hecho de que haya empezado a cumplirse con el despliegue de fuerza indica que es un milagro, y el milagro indica que debe acabar de cumplirse con el uso de la fuerza desplegada. En vista de esto, Gudufré decide aceptar el papel que la profecía le confiere y organizar la expedición. Como siempre, no actúa sin que se lo pidan. En este caso se lo pide Dios por medio de Halabra. Simon A. Vosters nota que el despliegue de fuerza y la humildad de Gudufré son difíciles de compaginar y que sólo se explican a la luz de las reglas de la guerra, las cuales permiten asustar a los enemigos (1978, I, pág. 137). Sin embargo, puede haber más explicaciones. En primer lugar, la idea del despliegue es del abad y del prior de Sandrón; en segundo lugar, el acto es de los parientes y de los amigos de Gudufré; en tercer lugar, el propósito del despliegue es asustar a los enemigos y animar a los amigos a cumplir la profecía. Por último, la humildad de Gudufré es una virtud que está siempre subordinada a su interés por alcanzar la vida eterna. Si para alcanzar la vida eterna, Gudufré tiene que realizar un despliegue de fuerza o desempeñar un papel de importancia, lo hace. De hecho, en su esfuerzo por alcanzar la vida eterna, Gudufré alcanza la vida de la fama como primer rey de Jerusalén. Así pues, los motivos y los procedimientos para organizar la expedición que tiene Gudufré en la *Conquista* son religiosos, no mencionándose los motivos y los procedimientos profanos de los que hablan los historiadores. En cuanto a la razón de su liderazgo mencionada por los historiadores, a saber, su importancia como duque de Lorena, tampoco se habla de ella en la *Conquista,* que ofrece otra razón, a saber, su condición de héroe salvador a lo divino.

La conducta profana de Gudufré, pues, se convierte en conducta religiosa. La *Conquista* no inventa, sino que transforma. Así, la soltería se convierte en pureza, la donación en desprendimiento, la valentía en fuerza y la gentileza en piedad. La modesta participación de Gudufré en las cruzadas se convierte en humilde participación y la mediación de Gudufré entre unos cruzados y otros llega a ser mediación entre los cruzados y Dios. El papel de humilde participante en las cruzadas y el papel de mediador entre los cruzados y Dios están relacionados, ya que Gudufré no sólo lee los signos divinos, sino que también los ejecuta. El mediador tiene que ser humilde, ya que, incluso cuando manda en los cruzados, lo que está haciendo en realidad es obedecer a Dios. Esto es lo que sucede cuando Gudufré interpreta el milagro y organiza la expedición.

* * *

La segunda parte de la vida de Gudufré, constituida por el relato del viaje de Bullón a Jerusalén (I, págs. 362-640, y II, págs. 11-409) comienza con el viaje de los cruzados de Bullón a Constantinopla y con los problemas que allí tienen con el emperador, sigue con la toma de Niquea, en la que los cruzados vencen al sultán Çuleman, haciendo prisioneros a su mujer y a sus hijos, y con la toma de Antiocha, en la que los cruzados vencen al rey Archiles, dando muerte a su hijo, y acaba con el viaje de los cruzados a Antiocha a Jerusalén y con las dudas que éstos tienen sobre la santa lanza. En este trayecto, los enfrentamientos entre los cruzados son superados gracias a los buenos oficios de Gudufré. En esta parte de la vida de Gudufré, la *Conquista* es más fiel a los datos conocidos, pero sigue idealizando sus cualidades y sus acciones en cada una de las cuatro etapas del viaje de Bullón a Jerusalén.

En la narración del trayecto de Bullón a Constantinopla, se realza el triunfo diplomático de Gudufré con el rey de Ungría y se disimula la derrota militar de Gudufré con el emperador de Constantinopla, al que se ve obligado a jurar fidelidad, al igual que les sucede a otros líderes como Boymonte de Pulla y Remón de Tolosa. Aunque Boymonte y Remón tienen en esta etapa más importancia que Gudufré, la *Conquista* los pone en pie de igualdad y le presta más atención a Gudufré. En el relato del trayecto de Constantinopla a Niquea, se indica que Gudufré sobresale por el uso efectivo de la fuerza:

> Mas sobre todos, el que más valió fue el duque Gudufré, que mató dos moros de los mejores que havía, e en medio de las puertas de la villa, el uno de golpe de lança e el otro de espada, que arma ninguna no les aprovechó; de manera que los moros fueron tan espantados, que se encerraron dentro en la villa e ovieron de cerrar las puertas. (I, 408)

Y por el uso efectivo de la tecnología:

> E el moro se paró entre las almenas, assí como solía. El Duque tovo armada la ballesta e tiró, e dióle tan gran saetada por medio de los pechos, que luego cayó muerto abaxo de la torre. Mucho fue grande el alegría e las bozes que los de la hueste dieron quando vieron aquel golpe, e fue por ello muy alegre e muy preciado de todos el duque Gudufré: lo uno, porque sabía ayudarse de todas armas para hazer mal a sus enemigos, e lo otro, porque los vengara a todos de las palabras que aquel traydor dizía a los Santos e a ellos. (I, 422)

En el relato del trayecto de Niquea a Antiocha, se indica que Gudufré sobresale en la caza:

> E el osso, quando lo vió de pie, dexóse yr a él e abraçólo; e el Duque travólo de la garganta con la mano siniestra e arredrólo de sí, e metióle la espada por el costado, de manera que gelo passó todo. Mas el Duque no le pudo tan aýna herir, que ante no le oviesse el osso muy mal mordido en el ombro, en el espalda siniestra, e cayó luego el osso muerto; e el Duque quedó muy mal mordido, que no se pudo tener en los pies, e ovo de caer cerca de un árbol en tierra. (I, 465)

Y en la guerra:

> E teniendo la espada en la mano diestra e el escudo ante sí, fuésse defendiendo dellos hasta que llegó al más alto arco de la puente; e allí se paró tras un canto, e hincó el pie siniestro en él, e el diestro en la orilla de la puente, e dió tan gran golpe a un moro, que le aquexava más que todos los otros, sobre la loriga que traýa vestida, que le atravesó por la cinta bien cabe los arzones de la silla, assí que la cabeça con los braços e los pechos hasta en la cinta cayó sobre la puente, e las piernas con muy poco de lo otro quedaron sobre la silla. (II, 30)

Los famosos golpes de Gudufré se deben, pues, al uso eficaz y prudente de la fuerza y de la tecnología en la caza y en la guerra. Gudufré es un caballero sofisticado y polifacético que no mata osos ni parte hombres por la mitad todos los días, sino sólo en circunstancias extraordinarias y valiéndose de diversos recursos. En este sentido, sus golpes no son tan inverosímiles como cree Garci Rodríguez de Montalvo. En la narración del trayecto de Antiocha a Jerusalén, se subraya que Boymonte de Pulla se ha retirado de la competición para dedicarse a gobernar las tierras conquistadas y que únicamente quedan dos líderes: Remón de Tolosa y Gudufré de Bullón. Aunque Remón tiene en esta etapa más importancia, la *Conquista* los pone en pie de igualdad y le presta más atención a Gudufré.

Como se ve, en el relato del largo viaje de Occidente a Oriente, cuyos líderes más importantes fueron Remón de Tolosa y Boymonte de Pulla, la *Conquista* le presta más atención a Gudufré, debido sin duda a su prominencia posterior como primer rey de Jerusalén. Hay una red de relaciones muy estrecha entre Gudufré, Boymonte de Pulla y Remón de Tolosa, y Baldovín de Roax, Tranquer y el obispo de Puy. Baldovín es hermano de Gudufré. Tranquer es sobrino de Boymonte y el obispo es amigo de Remón. Las relaciones de Boymonte y Remón, rivales políticos, son negativas, tanto como las de Baldovín y Tranquer, rivales económicos. Los únicos que tienen relaciones positivas con todos son Gudufré y el obispo, quienes no tienen ambiciones políticas ni económicas, sino militares y religiosas. El obispo experimenta un proceso de transformación militar, acabando por convertirse en una especie de clérigo-caballero, así como Gudufré, mediante una transformación religiosa, termina como caballero-clérigo. El obispo y Gudufré actúan juntos en varias ocasiones compartiendo tareas y funciones y repartiendo sermones y arengas. Así, en una ocasión, persuaden a Boymonte de que se haga cargo de la toma de Antiocha:

> E estando en ella, llegaron el duque Gudufré e el obispo de Puy, que toda aquella noche avían pensado en aquel fecho; e no fallaron otra mejor vía sino que viniessen a rogar a Boymonte que hablasse con aquel su amigo, que le rogasse que les hiziesse haver la villa ante que llegasse la gran hueste de los moros. (II, 103)

Igualmente, en otra ocasión, convencen a un grupo de cruzados de que no abandonen Antiocha:

> Assí que por estas palabras e por otras muchas razones que les dixo el duque Gudufré, e por el sermón que les fizo el obispo de Puy, perdieron todos aquel mal pensamiento en que cayeran. (II, 153)

Cuando el obispo muere, Gudufré asume plenamente el papel de líder religioso, lo que fortalece su papel de líder militar.

Aparte de Gudufré de Bullón, Boymonte de Pulla, Remón de Tolosa, Baldovín de Roax, Tranquer de Tarenta, el obispo de Puy y otros personajes importantes, como Ruberte de Flandes, Ruberte de Normandía, Estevan de Chartres, Eustacio de Boloña, Yugo Lomaynes y Pedro el Ermitaño, que aparecen muchas veces, hay personajes menos importantes que aparecen sólo una vez. Los más famosos son Folquer Uver de Chartres, Rinalt Porcellet, Pero Bartolomé, Ricarte de Caumonte, Baldovín de Balvais y Harpín de Beorges.

Folquer Uver de Chartres mata a Aliadan de Persia. Lo extraordinario de esta hazaña es que Aliadan es un sultán de gran linaje, hijo del rey Xarbudix, hermano del rey Haldaquem y sobrino del gran sultán de Persia, un caballero de gran valía al que no puede derrotar cualquiera. Ruberte de Flandes, un cruzado muy importante, lo hiere, pero el que lo mata es Folquer, un cruzado poco importante. Para explicar esta anomalía, la *Conquista* indica que Folquer no es un oscuro cruzado, sino que es descendiente de Mayogot de Paris, ayo de Carlos Maynete. A continuación se insertan las aventuras de Carlos Maynete, que, después de las aventuras del Caballero del Cisne, son las más conocidas y estudiadas de la *Conquista*[2].

Las aventuras del Caballero del Cisne y de Carlos Maynete tienen en común su substancia folklórica y su forma tripartita. Ya se ha visto cómo las aventuras del Caballero del Cisne constan de tres partes, que pertenecen a los grupos de relatos folklóricos de esposas acusadas, héroes salvadores y esposos animales respectivamente, siendo la parte central la que las convierte en un episodio caballeresco. Pues bien, las aventuras de Carlos Maynete

---

[2] Véase González, 1986.

constan también de tres partes, que pertenecen a los mismos grupos de relatos folklóricos, con un episodio caballeresco en la parte central. En efecto, aunque los elementos secundarios son diferentes, los elementos principales de las partes centrales de las aventuras del Caballero del Cisne y de Carlos Maynete son similares. En ambos casos hay un viejo, una heredera y un héroe que supera una prueba, se casa con la heredera y sucede al viejo. En ambos casos el héroe es un hijo mayor y, por lo tanto, heredero de su padre a la vez que de su suegro. El Caballero del Cisne es el hijo mayor del conde Eustacio y Carlos Maynete, aunque es el hijo menor, cumple la función del hijo mayor del rey Pepino, ya que es su único hijo legítimo. El Caballero del Cisne y Carlos Maynete son héroes salvadores que demuestran merecer el reino de su padre logrando el de su suegro, que no conocen su identidad desde siempre y cuya vida se cuenta desde su nacimiento. La primera parte de las aventuras de Carlos Maynete es similar a la primera parte de las aventuras del Caballero del Cisne, ya que ambas pertenecen al grupo de relatos de esposas acusadas. Isonberta es una variante más antigua y sencilla, en tanto que Berta es una variante más moderna y sofisticada, puesto que, no sólo es acusada, sin también suplantada. La última parte de las aventuras de Carlos Maynete es diferente de la última parte de las aventuras del Caballero del Cisne, ya que ésta pertenece al grupo de esposos animales y es más larga y desarrollada, en tanto que aquélla pertenece al grupo de esposas acusadas y es más corta y embrionaria, puesto que solamente presenta el planteamiento, pero no el nudo ni el desenlace de la acusación. Lo interesante de esta parte es que existe, aunque sea un esbozo. En efecto, frente a las aventuras de Carlos Maynete de la *Estoria de España,* que presentan sólo la parte central, y frente a las aventuras de Carlos Maynete de la *Flos sanctorum,* que presentan sólo la última parte, las aventuras de Carlos Maynete de la *Conquista* presentan las tres partes, quizás por un paralelismo con las aventuras del Caballero del Cisne. Así, pues las aventuras del Caballero del Cisne y de Carlos Maynete tienen en común la forma tripartita y la sustancia folklórica y, sobre todo, la estructura de los relatos folklóricos de héroes salvadores, que las convierte en episodios caballerescos, cuya función es la justificación de hazañas relativamente inesperadas de personajes relativamente mediocres. Así, Gudufré de Bullón llega a ser rey de Jerusalén y Mayogot de Paris mata a Aliadan de Persia, lo que no logran otros cruzados más importantes que ellos, como Remón de Tolosa y Ruberte de Flandes respectivamente. Estas hazañas sólo pueden justificarse con genealogías míticas que sugieran que estos personajes eran más importantes de lo que parecían, proporcionándoles un principio digno de su final. Por si quedara alguna duda respecto a la función de las aventuras de Carlos Maynete en la *Conquista,* al concluir se explica que Folquer Uver de Chartres no sólo mata a Aliadan de Persia, sino que también gana la batalla de Nublis. Lo que no logra un duque como Ruberte de Flandes, lo logra un infanzón como Folquer. Esto se debe a que Folquer no es un infanzón cualquiera, sino que es descendiente de Mayogot de Paris, ayo de Carlos

Maynete, al que sacó de apuros en más de una ocasión. Por eso Folquer ayuda a Ruberte de Flandes.

Si Folquer, un infanzón, destaca por vencer a un enemigo superior en calidad, un sultán, Ricarte de Caumonte, un cristiano, destaca por vencer a un enemigo superior en cantidad, dos moros. En cuanto a Rinalt Porcellet y a Pero Bartolomé, se distinguen por su martirio, el cual sufren, el primero, para no tener que abjurar de la fe cristiana y, el segundo, para probar la autenticidad de la santa lanza. Por último, Baldovín de Balvais y Harpín de Beorges destacan por luchar con animales. Baldovín se enfrenta solamente con un animal, una serpiente, mientras que Harpín se enfrenta, no sólo con animales, un lobo, un mono, unos leones y unas serpientes, sino también con hombres, unos ladrones. Estos personajes son ejemplos aislados de las diversas virtudes que Gudufré de Bullón reúne en su persona y constituyen un detallado análisis de éstas, siendo su función producir un eco narrativo en la sinfonía literaria que es esta crónica.

* * *

La tercera parte de la vida de Gudufré de Bullón, constituida por el relato de sus últimas aventuras y de su muerte (II, págs. 409-553), comienza con la llegada de los cruzados a Jerusalén, en cuyos alrededores acampan. Después de varios asaltos, unos cruzados, encabezados por Gudufré, entran en Jerusalén. Más tarde, otros cruzados, encabezados por Remón de Tolosa, entran por otra puerta.

El rey Orbagán se rinde y a los ocho días los cruzados se reúnen a elegir rey. Les ofrecen la corona a Remón de Tolosa, Gudufré de Bullón, Ruberte de Flandes, Ruberte de Normandía, Baldovín de Roax y Tranquer de Tarenta, entre otros, pero todos la rechazan. Los cruzados piden un milagro y se enciende el cirio de Gudufré, que es reconocido como rey de Jerusalén. Después de esto, los cruzados regresan a sus países de origen, quedando sólo unos veinticinco mil, entre ellos Baldovín de Roax. Gudufré hace a Tranquer de Tarenta príncipe de Galilea y el patriarca de Jerusalén confirma a Boymonte de Pulla como príncipe de Antiocha y a Gudufré como rey de Jerusalén. Sin embargo, se produce un enfrentamiento entre el patriarca y Gudufré a propósito del control de la ciudad, y Gudufré soluciona el problema dándole un cuarto de Jerusalén al patriarca. Tras conservar y ampliar su reino a pesar de los moros y a veces de los cristianos, Gudufré se enferma y muere.

En esta parte de la vida de Gudufré, la *Conquista* es bastante fiel a los datos conocidos, aunque sigue idealizando sus cualidades y sus acciones, subrayando las buenas y disimulando las malas. Así, su avaricia se disimula al no relatarse su participación en el saqueo de Jerusalén:

> Después que los ricos hombres entraron en la cibdad de Hierusalem, e ovieron muerto todos los turcos, fueron cada uno a sus posadas que tomaran, como

> avéys oýdo. E muchos avía aý dellos que llegavan de robar quanto podían aver, e sobre partirlo reñían e se matavan. Mas, comoquier que los más dellos lo hiziessen, el duque de Bullón e Ruberte el Frisón, conde de Flandes, e Tomás de Merle, no curaron de robar; mas fuéronse al Sepulcro, e alimpiáronlo cada uno con su paño lo mejor que pudieron, e el templo mismo. (II, 483)

Igualmente, su piedad se subraya al relatarse su curación del turco ciego:

> Después que salieron fuera, hallaron un gran palacio, en que no había entrado aún ninguno de los de la hueste, porque nuestro Señor lo tenía guardado para el duque de Bullón. E aquel de quien era aquel palacio tenía la llave del templo en su mano, ca él lo solía abrir e cerrar; e quando oyó hablar al duque Gudufré, pidióle merced, e díxole: —Señor, no me mates; que cristiano quiero ser. E el Duque, quando entendió lo que dezía, echóle en la faz el paño con que alimpiara el Sepulcro e el templo, e díxole que tomasse de aquel paño por seguro. E aquel turco que tenía la llave del templo era ciego, e quando lo tocó en los ojos el paño que el Duque le echó, luego vió; e él, con gran alegría, contó al Duque cómo había XXX años que no viera, e por aquel paño cobrara la vista. (II, 483-84)

El proceso de idealización de Gudufré culmina con su elección como rey de Jerusalén, que es el clímax, no sólo de la biografía de este cruzado, sino también de esta crónica de las cruzadas. Este momento se espera gracias a las profecías anunciadoras y se anticipa gracias a los descubrimientos sucesivos de los lugares bíblicos. Las profecías dan energía y los descubrimientos dan emoción al viaje de los cruzados de Occidente y Oriente y sirven para mantener la atención y el interés de los lectores u oyentes. Es un viaje no sólo por el espacio sino también por el tiempo, ya que los cruzados, al recuperar Jerusalén, recuperan el espacio y el tiempo de la Biblia. En este sentido, la conquista de Jerusalén es la conquista del reino más lejano de todos, del reino soñado. Al llegar a este reino, los cruzados recuerdan la vida de Jesucristo:

> E Pedro el Hermitaño cavalgó en su asno, e fueron con él los altos hombres, e subió en un gran otero sobre Cayfas; e díxoles allí Pedro el Hermitaño:
> —Señores, ya fuy otra vez en esta cibdad, e vedes el monte Olivete do nuestro Señor Ihesucristo pidió el asna en que cavalgasse; e vedes otrosí las puertas Aureas, por do entró en Hierusalem quando lo recibieron los niños fijos de los judíos, e echavan los paños allí por do él passava, e los ramos de las palmas e de las olivas, e las flores de los árboles. E la cibdad está acostada, porque quando nuestro Señor Jesucristo passó por ella, homillósele, e después nunca se endereçó. E vedes el pretorio, que dizen Padrón, donde fue aplazada la justicia quando lo vendió Judas. E pretorio quiere dezir la silla del alcalde que juzga, e dízenle assí porque allí juzgaron a nuestro Señor Jesucristo. E vedes, otrosí, el pilar do lo ataron quando lo açotaron; e vedes Gólgata, que es el lugar do fue puesto en la cruz. E vedes el sepulcro do lo metió Josep, que lo conpró por su soldada de plata, porque le sirviera gran tiempo. E vedes el

templo de Salamón, e monte Sion, do passó deste mundo la gloriosa Virgen, madre de Jesucristo; e el val de Josafad, do santa María fue levada después que finó, e la sepultura do la metieron. Pues, señores, roguémosla nosotros agora que, assí como Jesucristo la amó mucho quando vino por ella con los sus ángeles e la levó al cielo, que ella, por la su gran piedad, ruegue por todos nosotros a su precioso Hijo que nos perdone nuestros pecados. (II, 399-400).

Al conquistar el reino, reviven la venida del Espíritu Santo:

> E quando fue medianoche, començó de fazer relámpagos, e dió un trueno muy espantoso, e luego muchos otros empós de aquél; e después levantóse un viento tan grande, que hizo tremer la tierra, e amató la lámpara e vertió el olio, e no ovo allí quien no oviesse temor. E los obispos e los abades e la otra clerezía començaron a cantar *Veni, Creator Spiritus,* que quiere dezir «Ven, Espíritu Criador», e lo otro que dize la Yglesia en alabança de Dios, e cantáronlo todos. E ellos estando assí cantando, fizo un trueno tan grande e tan fuerte, que todos los que estavan en el Sepulcro cayeron amortecidos; e después vino un relámpago que entró por la Yglesia assí como fuego, e en passando encendió el cirio del duque Gudufré de Bullón. (II, 497)

El sueño culmina cuando Gudufré, como el Mesías, no se ciñe una corona de metal, sino de espinas, ni toma un cetro, sino una vara, que le da el rey de los tahures.

Después de esta ceremonia, Gudufré tiene que enfrentarse con la realidad y atender a sus obligaciones, lo que hace con sagacidad y diligencia y hasta con naturalidad y gracia, demostrando su sencillez y su humor al complacer al turco de Arabia que le pide que dé uno de sus famosos golpes de espada para poder contárselo a su gente:

> E sacó el espada, e herió al camello en la mayor gordura del pescueço, e cortóle assí como si fuera pescueço de ánsar. E quando vió aquello, el turco fue muy maravillado, e dixo en su lenguaje que veýa bien que tenía el Rey buen braço e buena espada; mas que no sabía si daría tal golpe con otra espada. E el Rey preguntóle qué dezía; e quando lo supo rióse, e mandó traer otro camello, e mandó que le metiessen en el pescueço una loriga. E después dixo al turco que le diesse su espada; e él diógela luego. E el Rey herió al camello de manera, que le cortó el pescueço con toda la loriga, e cayó la cabeça en tierra. E entonce fue el turco muy espantado, e fincó como salido de seso; e estuvo un gran rato que no pudo hablar. E quando habló, dixo que aquélla era la mayor maravilla que nunca viera, e que ciertamente por la fuerça del braço fuera aquel golpe, ca no por el espada; ca él provara muchas vezes, mas que nunca pudiera con ella hazer la tercia parte de aquel golpe, e que bien veýa que era verdad aquello que le dixieran e le fizieran entender. (II, 549)

Cabe preguntarse el propósito de estos golpes aparentemente innecesarios y fuera de carácter. Desde el punto de vista militar son innecesarios, pero desde el punto de vista político son necesarios, y no están fuera de carácter, puesto que Gudufré ya no es un soldado, sino que ahora es el rey. Accede a la petición del turco de Arabia para que éste, impresionado y complacido, hable de su fuerza y de su amabilidad a su gente. Gudufré espera que la matanza de los camellos le evite una matanza de hombres. No puede pedirse un uso más sabio de la fuerza y de la tecnología.

Después de esta demostración de sabiduría, Gudufré enferma y muere y la *Conquista* destaca que fue el mejor de los hermanos:

> Mucho fueron hombres poderosos; mas el rey Gudufré, como era el mayor dellos, assí levó la mejoría sobre todos de buenas virtudes, ca él fue piadoso e justiciero e sin cobdicia, e temía a nuestro Señor; e sobre todas las otras cosas era firme e verdadero en su palabra, e despreciava mucho a los hombres altivos e lisongeros. Limosnero era e oýa de grado las palabras de Dios, e hazía su oración secretamente. E sobre todas las otras virtudes, era casto de su cuerpo, que no tovo jamás que hazer con muger. Era bien razonado contra todas las gentes. E por estas virtudes parecía que le amava nuestro Señor más que ninguno de los otros hermanos; e por ende, era razón que oviesse mayor gracia con el pueblo. E era grande de cuerpo en buena manera, e rezio más que otro hombre. E avía los braços gordos e quadrados e las espaldas anchas, e la cara muy hermosa, e los cabellos de color de oro; e sabíase bien ayudar en hechos de armas. (II, 551)

Ni sus hermanos ni sus descendientes podrán igualar a este rey santo.

* * *

En cada una de las tres partes de la vida de Gudufré de Bullón queda claro que éste responde al arquetipo del héroe salvador creado por el Caballero del Cisne, al que de hecho sobrepasa en algunos aspectos. Tanto el Caballero del Cisne como Gudufré son guerreros y caudillos, famosos entre cristianos y moros, respetados de amigos y enemigos, capaces de mandar en los inferiores y de obedecer a los superiores. La vida de Gudufré, como la del Caballero del Cisne, se cuenta desde su extraordinario nacimiento hasta su temprana desaparición. Como el Caballero del Cisne, que no conoce su identidad hasta su mayoría de edad, cuando se la revela el ermitaño, Gudufré no conoce su identidad espiritual hasta su mayoría de edad, cuando el abad de Sandrón le revela su futuro como rey de Jerusalén, siendo el descubrimiento de sí mismo que experimenta Gudufré más profundo y trascendente que el que efectúa el Caballero del Cisne. Al igual que el Caballero del Cisne, que es el hijo mayor de un personaje de alta posición social, Gudufré es el hijo mayor del conde Eustacio de Boloña. A diferencia del Caballero del Cisne, que obtiene una tierra mediante el matrimonio con la heredera y recibe otra de su familia en herencia, Gudufré renuncia tanto a la tierra de la doncella como a la de Bullón, reservándose para Jerusalén. En este sentido, Gudufré sobrepasa al Caballero del Cisne, ya que es un héroe salvador a lo divino. Los datos conocidos, al mezclarse con las estructuras folklóricas, han producido un personaje legendario que nadie podrá igualar. Lo que suceda a continuación será necesariamente anticlimático.

VII

LA DECADENCIA DE LOS LIDERES

A Gudufré de Bullón le suceden una serie de reyes elegidos entre los miembros de su familia, los cuales acaban perdiendo el reino de Jerusalén. En *La gran conquista de Ultramar*, este desastre se explica como resultado de la decadencia de los «cabdillos», que, poco a poco, dejan de reunir en sus personas la bondad oficial y la bondad real que Gudufré había reunido en la suya, no siendo capaces de vencer al enemigo, porque no son capaces de dominar, ni a los «hombres honrados» ni a la «gente menuda» ni, en definitiva, a sí mismos. La decadencia de los líderes primero es lenta, pero luego es rápida, hasta que se precipita con Guión de Lusina[1]. Siguiendo principalmente a *Eracles,* la *Conquista* delimita bien cada reinado, empezando con una descripción del rey y acabando con el relato de su muerte[2].

A la muerte de Gudufré de Bullón, sube al trono su hermano Baldovín de Roax, cuyo reinado se relata en los capítulos XCIIII-CLX del Libro III. Baldovín, aunque posee bastantes virtudes, también posee algunos defectos. Así, frente a la soltería y a la pureza de Gudufré, Baldovín tiene tres esposas y frecuenta otras mujeres. Sin embargo, sin estar a la altura de su hermano, Baldovín se porta tan caballerescamente como Gudufré en varias ocasiones, como, por ejemplo, cuando, tras derrotar a unos turcos y arrasar su campamento, tiene la delicadeza de dar su manto para que lo pongan encima del lecho de una prisionera que está de parto. Las relaciones de Baldovín con las mujeres son discretas, respetuosas y hasta afectuosas y tiernas, según muestra

---
[1] Runciman, 1951, págs. 315-26, y II, págs. 3-446; y Setton, 1955-77, I, págs. 380-604.
[2] Stresau, 1977, págs. 40-42.

el hecho de que llora desconsoladamente la muerte de su primera esposa. Por cierto que el consuelo que le da Gudufré, quien le dice que no es de hombres de seso hacer tal duelo, muestra que éste no comprende la naturaleza del amor. Gudufré es puro y Baldovín es humano. Como tal, Baldovín usa y abusa de las mujeres, pero también las entiende y las quiere. Quiere a su primera esposa y abusa de la segunda y de la tercera, ya que, por razones principalmente políticas y económicas, abandona a aquélla para casarse con ésta, convirtiéndose en bígamo, aunque, más adelante, sintiéndose enfermo, Baldovín se acuerda de la segunda esposa y deja a la tercera, con lo cual legaliza su situación.

Baldovín tiene algunas derrotas y bastantes victorias, conquistando gran número de territorios. El saqueo del enemigo y el reparto del botín son habituales y no se ocultan los móviles políticos y económicos de Baldovín, muy lejanos de los móviles militares y religiosos que se atribuyen a Gudufré. A este respecto, es significativo que se atribuyan móviles militares y religiosos al obispo de Puy y a Gudufré de Bullón, los cuales mueren antes, y que no se oculten los móviles políticos y económicos de Remón de Tolosa, Boymonte de Pulla, Tranquer de Tarenta y Baldovín de Roax. El relato del reinado de Baldovín es muy diferente del relato del reinado de Gudufré, en parte porque estos reinados fueron muy distintos y en parte porque el segundo relato, cuyo protagonista murió pronto, se presta a más manipulaciones. Los relatos de ambos reinados coinciden, sin embargo, en que cuentan las aventuras del grupo inicial de líderes protagonistas de la primera cruzada. A la muerte de Baldovín, tiene lugar un cambio generacional, el cual conlleva un cambio de suerte, previamente anunciado por los astros. El comienzo de este cambio se rastrea ya en el reinado de Baldovín. Si bien es verdad que había habido algunos enfrentamientos entre Baldovín y Tranquer y entre Remón y Boymonte con anterioridad, también es verdad que siempre se habían resuelto sin demasiada violencia ni perjuicio. Los enfrentamientos entre los «hombres honrados» que empiezan ahora son bastante violentos y perjudiciales. Así, en una ocasión un cristiano es asesinado a traición por otro cristiano y en otra los cristianos son vencidos por los moros debido a sus propios conflictos internos. En el reinado de Baldovín empiezan también los enfrentamientos entre los seglares y los clérigos, ya que hay serias tensiones entre los caballeros y los patriarcas. Así pues, dentro de la prosperidad general de este reinado se encuentra ya el germen de la decadencia. Cuando Baldovín enferma y muere en el desierto, su cuerpo es llevado a Jerusalén, donde es enterrado junto al de Gudufré. A pesar de la distancia que los separa, Baldovín es un héroe, aunque imperfecto, y merece reposar al lado del héroe perfecto que es Gudufré.

Su primo, Baldovín de Bort, que ya se había hecho cargo del condado de Roax, se hace cargo ahora del reino de Jerusalén, apoyado por el patriarca Arnol y por Jocelín de Cortanay. En los capítulos CLXI-CCXXXIIII del Libro III se cuenta el reinado de Baldovín II, quien tiene menos defectos y menos virtudes que Baldovín I. Tiene también menos suerte y es apresado por el turco Balacia, quien ya tenía preso a Jocelín de Cortanay. Unos armenios se disfrazan de monjes y los rescatan, pero, aunque Jocelín de Cortanay logra escapar, Baldovín II vuelve a ser cogido. Después de diez y ocho meses de cautiverio y tras la muerte de Balacia a manos de Jocelín de Cortanay, Baldovín II es liberado, dirigiendo a continuación varias campañas en las que los cristianos vencen a los moros. Sin embargo, surgen dos enfrentamientos entre los «hombres honrados» en los que cristianos se alían con los moros contra otros cristianos. Así, Jocelín de Cortanay, primo de Baldovín II, se enfrenta con Boymonte de Antiocha, yerno del rey, y la esposa de Boymonte de Antiocha, hija de Baldovín II, se enfrenta con su hija, nieta del rey. En ambos casos los agresores se alían con el enemigo en contra de los agredidos y en ambos casos los agresores son parientes de los agredidos. En los dos casos interviene el rey, quien resuelve el primer conflicto por las buenas y el segundo por las malas. Solucionadas estas dos crisis internas, Baldovín II regresa a Jerusalén, donde enferma y muere, dejándole el reino a su hija mayor Melisén y a su yerno Folques de Angeos. Baldovín II, viejo y devoto, es un buen rey, pero ya no encaja en el tipo de héroe, ni perfecto ni imperfecto, de los dos primeros reyes de Jerusalén, a cuyo lado es un personaje descolorido.

A la muerte de Baldovín II, sube al trono su yerno Folques de Angeos, cuyo reinado se relata en los capítulos CCXXV-CCLXXXIII del Libro III. Folques es menos devoto que Baldovín II y mayor que él, presentando síntomas de senilidad tales como la pérdida de la memoria y los celos injustificados. A pesar de estos defectos, no es mal rey y tiene más victorias que derrotas. Sin embargo, en su reinado se agravan los enfrentamientos entre los «hombres honrados», lo mismo que entre los seglares y los clérigos. Asimismo, se producen serios enfrentamientos entre los clérigos. Por una parte, el patriarca de Antiocha se enfrenta con los canónigos y es encarcelado, primero por los seglares y después por los clérigos, terminando por morir envenenado. Por otra, Folques se enfrenta con el conde de Trípol, que le había atacado, y con el conde de Jafa, que no le había atacado. Es decir que, mientras que Baldovín II había resuelto los conflictos entre los «hombres honrados», Folques los protagoniza, aunque tenga razones o disculpas para ello. Después de construir varios castillos y fortalezas, Folques muere de un estúpido accidente de caza, al caerse del caballo y salírsele los meollos por las narices y por las orejas. Folques, que, a pesar de sus defectos, no carece de virtudes, es un rey poco romántico que está muy lejos del tipo de héroe representado por los dos primeros reyes de Jerusalén.

Su hijo Baldovín, que tiene catorce años, se hace cargo del reino de Jerusalén. En los capítulos CCLXXXIIII-CCCLXXXIV del Libro III se cuenta el reinado de Baldovín III, quien, aunque es inteligente y habla bien, tiene una excesiva afición al juego y tiene aventuras con mujeres casadas, aunque después se reforma. Entre sus errores de juventud se encuentran el escuchar a malos consejeros y el enfrentarse con su madre. En su reinado cae un rayo en el sepulcro y aparece un cometa en el cielo, signos de mala suerte. Baldovín

III tiene más derrotas que victorias y la debilidad de los cristianos frente a los moros llega a ser tal que el Papa Eugenes, secundado por Bernal de Claraval, predica la segunda cruzada, en la que participan el emperador de Alemania, Conrado II, y el rey de Francia, Luis VII, los cuales, tras un viaje difícil, se reúnen con Baldovín III en Jerusalén. De allí se dirigen todos a Acre, donde deciden atacar Domas, lo que hacen sin ningún resultado positivo, debido a que unos cristianos se alían con los moros y traicionan a los suyos. Después de este fracaso, el emperador de Alemania y el rey de Francia regresan a su tierra. En el reinado de Baldovín III se producen enfrentamientos, no sólo entre los grupos ya mencionados, sino también entre los «hombres honrados» y la «gente menuda», que apremia a aquéllos para iniciar un ataque. Baldovín III, a pesar de que los «hombres honrados» le aconsejan que no lo inicie, hace caso a la «gente menuda», sufriendo todos grandes penalidades. Es decir que los «hombres honrados», no sólo no pueden ponerse de acuerdo, sino que tampoco pueden controlar a la «gente menuda». El poder y la sabiduría de los líderes están en decadencia. Tras varias batallas de diversos resultados, Baldovín III se casa con Teodora de Constantinopla, sobrina del emperador, quien visita Jerusalén. La reina Melisén, que había perdido la memoria, fallece. Baldovín III, que se había caído del caballo y roto un brazo en un accidente de caza, muere como consecuencia de una purga en circunstancias sospechosas que apuntan a un posible envenenamiento. Joven e imprudente, galante y juguetón, se parece un poco a Baldovín I, pero sin su poder ni su sabiduría. Si con Baldovín I se manifiesta el comienzo de la decadencia, con Baldovín III se manifiesta su inevitabilidad.

A su muerte, sube al trono su hermano Amanric, cuyo reinado se relata en los capítulos CCCLXXXV-CCCXCVII del Libro III y los capítulos I-LII del Libro IV. Amanric, que, aunque cecea ostensiblemente, es muy inteligente, es cauto y serio, pero también lujurioso y avaro. Frecuenta la compañía tanto de mujeres casadas como de solteras y escucha a malos consejeros que le dicen que puede obtener más ganancia pactando con los moros que luchando contra ellos. En su reinado hay alianzas con los moros y enfrentamientos entre los cristianos, produciéndose un violento choque entre el rey y los templarios, el cual acaba sangrientamente. A pesar de protagonizar algunos enfrentamientos entre los «hombres honrados», Amanric es un rey fuerte que logra varias victorias y conquista varias ciudades. Con la aparición de Saladín, se debilita la situación de Amanric, que, casado con María de Constantinopla, sobrina del emperador, va a pedirle ayuda a éste, quien se la promete. Después de algunas escaramuzas con Saladín, Amanric, que es muy gordo, enferma y muere muy enflaquecido como consecuencia de una purga.

Su hijo Baldovín, que tiene trece años, se hace cargo del reino de Jerusalén. En los capítulos LIII-CX del Libro IV se cuenta el reinado de Baldovín IV, que posee muchas virtudes y pocos defectos, pero que tiene un gran problema: la lepra, enfermedad que padece desde la infancia y que acaba con él en su juventud. A pesar de ella, es hábil y valiente y lucha contra Saladín en numerosas ocasiones, ganando unas batallas y perdiendo otras. Baldovín IV pacta una tregua con Saladín, pero ésta acaba rompiéndose por culpa de Saladín y no de Baldovín IV. En su reinado abundan las intrigas entre los «hombres honrados», que están divididos en dos bandos, uno partidario de Guión de Lusina y otro partidario de Remonte de Trípol. Desilusionado de Guión de Lusina, Baldovín IV deja el reino de Jerusalén al cuidado de Remonte de Trípol antes de morir. Leproso pero apuesto, débil de cuerpo pero fuerte de espíritu, es un rey trágico que representa el fin de la estirpe de Bullón, ya que Baldovín V no llega a reinar y Guión de Lusina no tiene demasiada legitimidad.

Efectivamente, Baldovín V, que, por cierto, a diferencia de lo que dice la *Conquista,* no fue hijo, sino sobrino, de Baldovín IV, es un niño que muere al poco tiempo. Durante su breve vida, relatada en los capítulos CXI-CXVI del Libro IV, Remonte de Trípol está al frente del reino y pacta una tregua con Saladín.

Si con Baldovín I se manifiesta el comienzo de la decadencia y con Baldovín III se manifiesta su inevitabilidad, con Baldovín V se manifiesta la consumación de la decadencia, la cual estalla cuando, a su muerte, Guión de Lusina le arrebata el poder a Remonte de Trípol y rompe la tregua con Saladín, quien le hace prisionero y toma Jerusalén.

La pérdida del reino de Jerusalén se explica como un castigo de Dios:

> Mas nuestro Señor, que es en todo poderoso, clamor ni ruego ni oración que se fiziesse en la cibdad de Hierusalem, por la luxuria que faz[i]en dentro en la cibdad, no quiso oýr, que aquello no dexava subir las oraciones al cielo; e de la otra parte, el fediente, aborrecido e lixoso pecado, que es contra natura, había en tal manera ensuziado la cibdad, que ninguna de sus oraciones no podía sobir a Dios. E por aquello no lo quiso nuestro Señor sufrir, antes lavó e alimpió la cibdad de manera, que de quantos moradores en ella estavan no quedó uno, ni hombre ni muger ni moço pequeño, para morar en la cibdad, sino dos hombres viejos que quedaron, e después a poco tiempo murieron. (III, 561)

Se aclara que la pérdida tiene lugar después de que el reino de Jerusalén ha caído en manos de gente extraña:

> E por esto, no se deve ninguno maravillar si la tierra de Hierusalem fue perdida e sacada de mano de los cristianos; que ellos hazían tantos pecados en Hierusalem, que nuestro Señor Dios ovo gran pesar. E en lugar de servir a Dios, servían al diablo, que los engañó e metió desavenencia entre ellos, por que se perdió el reyno e fue sacado de sus manos. E esto contesció quando no ovo del linaje del Cavallero del Cisne; que luego que el reyno de Hierusalem salió del poder de los nietos e de los visnietos e del linage del Cavallero del Cisne, que la conquirieron, e entró en poder de hombre estraño, tornóse el reyno a gente estraña, como antes era. (III, 539)

Sin embargo, Guión de Lusina es cuñado de Baldovín IV y, en rigor, no puede considerarse como gente extraña. Lo que pasa es que Guión le ha arrebatado el poder a Remonte de Trípol en contra de los expresos deseos de Baldovín IV, que le había excluido públicamente de la sucesión, y la *Conquista* explota este hecho para tratar de quitarle la responsabilidad inmediata de la pérdida del reino a la familia de Bullón. La presentación de Baldovín V como hijo y no como sobrino de Baldovín IV cumple precisamente la función de ocultar el derecho al trono que, como cuñado de Baldovín IV y padrastro de Baldovín V, Guión de Lusina pudiera tener, para quitarle toda legitimidad a su reinado y desconectarlo de los reinados anteriores, que fueron todos legítimos. La *Conquista,* no obstante, no trata de quitarle la responsabilidad mediata de la pérdida de Jerusalén a la familia de Bullón, que tolera y comete los mismos pecados que llevan a los cruzados a la derrota: la lujuria y la desunión.

Efectivamente, el único rey joven y sano que no es lujurioso es Gudufré. Baldovín I, Baldovín III y Amanric son lujuriosos. Los demás son, o demasiado viejos, como Baldovín II y Folques, o demasiado jóvenes, como Baldovín V, o enfermos, como Baldovín IV, cuya lepra, considerada como una enfermedad venérea en la Edad Media, puede interpretarse, y de hecho se interpretó, como resultado de la lujuria de sus antepasados[3]. En vista de esto, se comprende el énfasis que la *Conquista* pone en la soltería de Gudufré, que se interpreta como resultado de su pureza. Parece que la *Conquista* articula los datos conocidos de la soltería de Gudufré y de la lepra de Baldovín IV en un discurso coherente en el que la soltería se asocia con la pureza y la lepra con la lujuria y se establece una relación dialéctica entre ambas. Como Gudufré es el único rey joven y sano que no es lujurioso y en la familia de Bullón la balanza se inclina del lado de la lujuria, la *Conquista* incluye las aventuras del Caballero del Cisne para darle más peso a la pureza al proporcionarle de Gudufré varias generaciones de antepasados puros, frente a las varias generaciones de sucesores lujuriosos que aparecen en la crónica. Gudufré, que es más puro que sus antepasados y que sus sucesores, es el que logra conquistar el reino de Jerusalén que se pierde cuando se pierde la pureza.

En efecto, los sucesores de Gudufré no están a la altura de éste, que sabe no sólo conservar la pureza, sino también mantener la unión. Después de la muerte de Gudufré, la desunión es cada vez mayor, hasta que llega un momento en que los reyes no sólo no mantienen la unión, sino que fomentan la desunión de los cruzados, que es lo que sucede cuando Guión de Lusina se hace cargo del poder en contra de los deseos de Baldovín IV. En el momento en que la familia de Bullón pierde tanto la pureza como la unión tiene lugar la pérdida del reino de Jerusalén. Al llegar a este punto de la narración, la *Conquista* trata de disociar a Guión de Lusina de la familia de Bullón, pero, al intentarlo, no hace más que confirmar la decadencia de ésta, ya que la disociación implica la desunión.

La decadencia de los líderes cristianos coincide con el advenimiento de Saladín, el líder moro cuya mitificación responde sin duda a un deseo de

---

[3] Le Goff, 1980, pág. 93.

justificar la derrota de los cruzados. Saladín es retratado como un hombre justo y generoso, noble y compasivo, que, aunque de bajo linaje, alcanza gran poder. Lejos de la lujuria y de la desunión de los cruzados, que han perdido sus cualidades caballerescas, Saladín es un caballero. Así, sabe tratar a los hombres:

> Saladín, después que tovo la cibdad de Hierusalem, fízola guardar muy bien, porque los moros no fiz[i]essen mal ni fuerça a los cristianos, ni peleassen con ellos. E fizo poner en cada puerta cavalleros e peones para guardar la cibdad; e guardáronla tan bien, que en todo aquel tiempo no acaesció ninguna rebuelta. E assí como los cristianos salían de la cibdad, passavan delante de la hueste de los moros a un trecho de arco; e Saladín fazía muy bien guardarlos de noche e de día, porque los moros no les hiziessen mal ni los ladrones los robassen. (III, 567)

Asimismo, Saladín sabe tratar a las mujeres:

> Una grande nobleza fizo aún allí Saladín. Las dueñas e las mugeres e las fijas de los caballeros que havían perdidos sus maridos e sus parientes en la batalla, después que ovieron pagado la rendición, e eran fuera de la cibdad, fuéronse para Saladín e pidiéronle merced. El, quando las vió, preguntó quién eran o qué querían. E dixéronle que aquéllas eran las dueñas, mugeres e hijas de los cavalleros que fueran muertos e presos en la batalla. Estonces dixo qué era aquello que demandavan. Respondiéronle ellas que por Dios que oviesse merced dellas, ca él tenía los maridos de algunas dellas presos, e los otros había muertos, e ellas que quedavan deseredadas e sin consejo, e que oviesse piadad dellas. E Saladín, quando las vió llorar ante sí, ovo piadad dellas, e díxoles que supiessen si eran sus maridos bivos, e si fuessen en su prisión, que gelos daría libres e quitos por amor dellas. E assí fue, que quantos fallaron bivos en su prisión, a todos los soltó. E después mandó que diessen algo a las dueñas e a las donzellas que havían perdidos sus maridos e sus padres; e davan a unas más e a otras menos, según que eran de linage. E tanto les dió, que ellas lo loaron a nuestro Señor e a todo el mundo del bien e de la merced que Saladín les hiziera. (III, 568)

Lo primero que hace Saladín después de tomar Jerusalén es entrar en el templo a dar gracias a Dios. Gana, porque tiene abiertas las líneas de comunicación con Dios, mientras que los cruzados pierden, porque Dios se las ha cerrado[4]. La comunicación con la divinidad es una condición y también un resultado de la buena caballería. Dios se olvida de los cruzados, porque ellos se olvidan de El. A este respecto, es interesante la atención que la *Conquista* presta a la pérdida de la memoria por parte de Folques y de Melisén, la cual crea una laguna entre las generaciones y divide a los reyes de Jerusalén en dos grupos: Gudufré, Baldovín I y Baldovín II, por un lado, y Baldovín III,

---

[4] Para una introducción a la figura de Saladín, véanse los estudios de G. París, 1893; Castro, 1956, págs. 17-43; Ehrenkreutz, 1972; y Lyons y Jackson, 1982.

Amanric y Baldovín IV, por otro. Folques, pues, actúa de división entre estas dos fases de la historia de la familia de Bullón, marcando la aceleración de la decadencia. Baldovín V, por su parte, es el epígono de estos seis reyes, que, con todos sus defectos, supieron mantener el reino, y los separa de los que lo perderán para no recuperarlo jamás. Si después de Folques, el viejo desmemoriado, Jerusalén se debilita rápidamente, después de Baldovín V, el niño sin memoria, Jerusalén se pierde para siempre.

En este sentido, es cierto que el reino de Jerusalén se pierde cuando desaparece el linaje del Caballero del Cisne, ya que, si el linaje en sí no desaparece, desaparece la conciencia de su identidad, así como el recuerdo de su pasado. Con Baldovín V la estirpe se queda sorda y muda, sin memoria y sin entendimiento, y, por lo tanto, desaparecen la comunicación con la divinidad y la buena caballería que habían caracterizado a este linaje. Desde este punto de vista, la pérdida del reino de Jerusalén no es una catástrofe incomprensible, sino un desastre explicable. Los cruzados pierden el reino de Jerusalén, porque han dejado de ser caballeros de Dios, porque se han olvidado del Caballero del Cisne, creador de la estirpe salvadora y del arquetipo del héroe salvador, modelo de buena caballería y de comunicación con la divinidad que los cristianos necesitan para vencer a los moros. La *Conquista*, pues, convierte la pérdida del reino de Jerusalén en un fracaso semiótico. El desenlace de la empresa de las cruzadas es semiótico, porque es semiótico su planteamiento: eliminar la ambigüedad moral del mundo mediante la guerra santa, ordenar el caos semántico del mundo restaurando la bondad a los cristianos y la maldad a los moros y procurando una victoria de los primeros sobre los segundos. El triunfo de Gudufré constituye el nudo de la empresa, pero este nudo se desata y se enreda en la ambigüedad y en el caos cuando desaparecen la caballería y la comunicación, y la bondad real se divorcia de la bondad oficial de los cruzados.

VIII

UN FINAL POCO EPICO

Si, hasta Baldovín IV, tanto en *La gran conquista de Ultramar* como en sus fuentes, las vidas de los reyes de Jerusalén se delimitan con cuidado y se cuentan con detalle, desde Baldovín V los contornos se desdibujan y los hechos se mezclan. En la *Conquista,* este cambio narrativo no se disimula, sino que se subraya mediante la inclusión de las rúbricas de los capítulos, que no se encuentran en las fuentes de la obra, según señala Christine R. Stresau (1977, pág. 42). La enfatización del caos narrativo, que a Stresau le parece un defecto, a mí me parece una virtud, en cuanto que es un caso de paralelismo entre el significante y el significado en el que el desorden de la narración refleja la confusión de lo narrado. Aparte de incluir las rúbricas de los capítulos, la *Conquista* presenta un episodio que tampoco se encuentra en las fuentes de la obra, según apunta Stresau (pág. 43). Se trata del episodio de la mujer que ahogó a su hijo en el mar:

> Una cosa acaesció allí, quando el conde de Trípol ovo robado a los cristianos que salieron de Hierusalem, que fue muy gran crueldad. Una muger andava aý que traýa su hijo en el cuello, e quando vió que los cavalleros del conde de Trípol tomavan e robavan a los cristianos que eran venidos a ellos, pensando fallar en ellos bien e ayuda e acorro, como en sus cristianos, e vió que assí como les devían acorrer e ayudar, assí les quitavan aquello poco que los moros, de otra ley, les havían dado por Dios, e que eran más crueles a sus hermanos de la fe de Jesucristo que no les havían seýdo los turcos, e que no perdonavan a ninguno por amor ni por parentesco ni por conoscencia que oviessen con ellos, ni havían vergüença de catar las mugeres en tal lugar que no deve ser

> nombrado ante ningún hombre de bien, e veyendo cómo aquello era obra e fecho de[l] diablo, e esperando que havrían piedad della porque era pobre e porque traýa su fijo a cuestas, que era pequeño e no podía andar, e que le darían alguna cosa en limosna para comer, e que no le quitarían los vestidos con que le cubría, vinieron a ella e descubriéronla toda tan desvergonçadamente, que no es de contar, e tomáronle quanto le fallaron. E desque vió que la trayan tan mal e tan desonrradamente, ovo tal vergüença e tal pesar, quando se vió assí descobrir sus carnes, que perdió el seso e la memoria, e fuésse para la mar e dió con el fijo dentro e dexóle afogar. E desta manera acontesció a los postrimeros cristianos que salieron de la cibdad de Hierusalem en el condado de Trípol. (III, 570-71)

Este patético episodio, el cual no es de origen tan desconocido como cree Stresau, ya que se parece al episodio de la madre que comió a su hijo que se encuentra en la *Estoria de España* (I, págs. 134-36), refuerza la idea de que la pérdida de Jerusalén se debió a la lujuria y a la desunión de los cristianos. En este caso, la lujuria y la desunión confluyen en la mujer, que es víctima de ambas. La pérdida del seso y de la memoria por parte de la mujer, a un nivel literal es el resultado, y a un nivel alegórico es el símbolo de la pérdida de seso y de la memoria por parte de los cristianos, que destruyen lo que deberían proteger y fracasan como cruzados, lo mismo que la mujer fracasa como madre.

El fracaso de los cruzados se refleja en el de la crónica, que pierde el hilo narrativo al entrelazar las vidas de los reyes de Jerusalén con otros acontecimientos. Así sucede con el reinado de Guión de Lusina, que se desdibuja y se mezcla con otros acontecimientos, principalmente con la caída de Jerusalén y con la tercera cruzada. Guión, quien, hecho prisionero por Saladín a raíz de la caída de Jerusalén, es liberado por éste a raíz de la tercera cruzada, tiene una existencia errante hasta que, a la muerte de su esposa, pierde el reino de Jerusalén, que pasa a Elisabet, hija de Amanric. La *Conquista* presta más atención a la caída de Jerusalén y a la tercera cruzada que a la vida de Guión, lo cual es lógico, ya que éstos son los dos acontecimientos más importantes desde la primera cruzada y la toma de Jerusalén. Los reinados se cuentan con detalle sólo entre los dos acontecimientos clave que son la toma y la caída de Jerusalén. El relato de la tercera cruzada es paralelo al relato de la primera, lo cual tiene sentido, puesto que se trata de las dos cruzadas más importantes, y, aunque la tercera no está a la altura de la primera, tiene cierta grandeza, gracias sobre todo a la personalidad de sus líderes.

El primero en partir es Frederic I de Alemania, el cual vence al soldán de Anconia, pero muere ahogado en Armenia y es enterrado en Antiocha. Su hijo, Frederic de Suevia, que le acompaña en la expedición, muere poco después de enfermedad, también en Armenia, y es enterrado en Acre. Detrás de éstos, parten Ricarte I de Inglaterra y Felipe II de Francia, a quienes une una gran amistad, la cual, sin embargo, no dura, por lo que, nuevamente, los enfrentamientos entre los «cabdillos» impiden la victoria de los cristianos sobre los moros. En este caso el enfrentamiento conduce nada menos que a un intento de asesinato del rey de Francia por parte del rey de Inglaterra, quien utiliza armas psicológicas con el propósito fallido de matar a su rival de un disgusto. Efectivamente, cuando Felipe está enfermo, Ricarte le dice que su hijo ha fallecido. Felipe no se muere, pero se va, y Ricarte se queda de único líder de Ultramar, donde se convierte en el terror de los moros. Sin embargo, el liderazgo de Ricarte entre los franceses es débil y cuando quiere atacar Jerusalén, éstos no le secundan. Aunque no puede conquistar Jerusalén, Ricarte interviene en la política de Ultramar al casar a su sobrino, Enrique de Campania, con Elisabet, quien, separada de Jufré de Torón y viuda de Conrado de Monferrat, a la muerte de Enrique de Campania, se casa con Amanric de Chipre. Ricarte después lucha con Saladín, quien, en medio de una batalla, tiene el caballeresco gesto de regalarle un caballo[1]. Ricarte acaba pactando una tregua con Saladín y regresando a Europa, donde es hecho prisionero por los alemanes. Cuando sale de la prisión, se enfrenta con Felipe, que le había arrebatado sus tierras, y muere luchando contra los franceses sin haber conseguido su sueño de regresar a Ultramar y conquistar Jerusalén.

Con la desaparición de Ricarte acaba el relato de la tercera cruzada, cuyos protagonistas experimentan un proceso de eliminación en su competición por el liderazgo parecido al experimentado por los protagonistas de la primera, con la diferencia de que los finalistas, Gudufré y Ricarte, son muy distintos: Gudufré es un héroe perfecto, lleno de grandeza, que alcanza su meta, mientras que Ricarte es un héroe imperfecto, aunque no exento de grandeza, que no logra su objetivo. La *Conquista* trata estas dos cruzadas de manera muy diversa, presentando los hechos narrados como resultado de la Providencia divina (mucho más en la primera cruzada que en la tercera). En efecto, a partir de la caída de Jerusalén, disminuye considerablemente la presencia de la interpretación en la obra. Esto sucede a la vez que se adopta el método de narrar hechos diversos de acuerdo con la cronología. Stresau señala que el final de la *Conquista,* lo mismo que el final de *Eracles,* está escrito a la manera de los anales y observa el caos narrativo de la parte inmediatamente anterior al final, pero no conecta estas dos cosas (páginas 42-46). El caos narrativo, en realidad, no es más que el comienzo de la transformación de la crónica en anales, cuando los hilos narrativos empiezan a separarse y la interpretación da paso a la cronología.

La cuarta cruzada se cuenta brevemente y sin detenerse demasiado en las atrocidades cometidas por los cruzados en Constantinopla. Tras la enumeración inicial de los principales cruzados, entre los que se encuentran Baldovín de Flandes, Enrique de Angeos, Tibalt de Campania, Luis de Bres, Juan de Niela y Jordán de Boves, y de sus tratos con los venecianos, que se comprometen a transportarlos en sus naves, la *Conquista* relata los conflictos de la corte de Constantinopla, cuyo emperador, Alexi, que le había sacado

---

[1] Sobre el simbolismo del caballo, véase Llull, 1986, pág. 69.

los ojos y quitado el trono a su hermano Guirçat, al enterarse de que el hijo de éste venía con los cruzados a reclamar el trono, no toma en serio la amenaza, por lo que pierde Constantinopla y tiene que huir. Entonces los cruzados dan el trono a Guirçat, a cuya muerte se lo dan a su hijo, nombrando adelantado a Mocufre, el cual manda matar a éste y se proclama emperador. Mocufre entonces se enfrenta con los cruzados, los cuales destruyen Constantinopla. Al llegar a este punto, la *Conquista* deja la cronología y vuelve a la interpretación:

> E estonces havían consigo la gracia de nuestro Señor Jesucristo, en tal manera que si cien griegos fuessen contra diez latinos, serían vencidos los griegos. E quando entraron en la villa, levavan ante sí el escudo de Jesucristo, mas luego que fueron dentro, tiráronle de sí e tomaron el escudo del diablo, e quebrantaron las yglesias e robaron las abadías; e cresció tan grande la cobdicia en ellos, que todo el bien que havían propuesto e ordenado, no tovieron en ninguna cosa, ni cataron sino de fazer mucho mal. (IV, 81)

El hecho es demasiado trágico como para constatarse sin explicación. No en vano la destrucción de Constantinopla se considera como una de las mayores salvajadas de la Edad Media y hay quien se resiste a darle el nombre de cruzada a la cuarta. Los cruzados dividen la ciudad, tomando los franceses una mitad y los venecianos la otra, y hacen emperador a Baldovín de Flandes, a quien sucede su hermano, Enrique de Angeos. A la muerte de éste, sube al trono su cuñado, Pedro de Namur, a quien sucede su hijo Ruberte, llamado Enrique en la *Conquista,* el cual ofende a sus súbditos con su comportamiento de tal manera que éstos acaban deshonrándole:

> En Constantinopla había una donzella muy hermosa que fue fija de un cavallero d'Artes, que dezían Baldovín; e aquélla avía aún madre. E assí se enamoró el emperador don Enrrique de aquella donzella, que casó con ella, e velóse secretamente; e levóla a su casa, a la donzella e a su madres. E los hombres buenos de Constantinopla, quando supieron que el Emperador era casado con aquella donzella, ovieron muy gran pesar, que tanto estava enbevido e enamorado della, que por ningún hecho de la tierra no lo podían sacar de la cama. Estonces ovieron su consejo de lo que harían; e fueron a la cámara do estava el Emperador, e tomaron la madre de su muger e metiéronla en un barco, e leváronla bien adentro de la mar e echáronla allí. E después fueron e tomaron la dueña e cortáronle las narizes con los labros; e al Emperador dexáronle estar en paz. E el Emperador, quando vió la desonrra que le havían hecho en su muger, fue muy triste, e hizo luego aparejar sus galeas; e entró en ellas e fuése para Roma, e querellóse al Papa de la desonrra que le havían hecho sus gentes. Mas el Padre Santo díxole muchas buenas razones, e conortólo e dióle gran tesoro, e mandóle que se fuesse para Constantinopla; que él no haría ninguna cosa en aquel fecho. Estonces el Emperador tornóse, e arribó en tierra de don Jufre de Villahardoýn, e adoleció allí e murió. (IV, 95)

El triste final de este emperador y el más triste aún de su mujer y de su suegra, ejemplifican las funestas consecuencias de la lujuria y la desunión.

La quinta cruzada se cuenta tras relatar la muerte de los reyes de Jerusalén, Amanric de Chipre y Elisabet, y la subida al trono de María, hija de Elisabet y de Conrado de Monferrat, la cual se casa con Juan de Breña, quien pacta una tregua con los moros. El cuarto año de la tregua se convoca la quinta cruzada, a la que acuden, entre otros, Andrés de Ungría y Bretón de Ostarricha, que regresan pronto, y Yugo Lebrú y Simón de Genvylla, que llegan tarde. Los cruzados, dirigidos por Juan de Breña, cercan Damiata. En el cerco, la «gente menuda» se rebela contra los «hombres honrados» y ataca a los moros a deshora, produciéndose un gran desastre entre los cruzados, a pesar de lo cual los cristianos logran tomar Damiata. Los moros, entonces, ofrecen una tierra a los cristianos a cambio de la devolución de Damiata, pero éstos no aceptan, ya que piensan que pueden tomar esa tierra cuando venga Frederic II de Alemania sin necesidad de devolver Damiata. Los cristianos, sin embargo, tienen que devolverla a los moros cuando, con la crecida del Nilo, están a punto de morir ahogados. La caída de Damiata, que es uno de los puntos más bajos de las cruzadas, se explica como resultado de los pecados de los cristianos:

> E de lo que vos dezimos, que començó el mal e el pecado en la hueste, fue verdad, que antes que Damiata fuesse ganada, la gente vevía en paz e con lealtad, e no havía entre ellos ladronicio ni luxuria. E quando alguno fallava algo de lo ageno, tornávalo a su dueño; e quando no fallavan al señor, fazíalo pregonar. Mas después que tomaron la cibdad, parecióles que no havían menester el ayuda de Dios, [ca] luego lo arredraron de sí, e no quisieron fazer su servicio ni ningún bien, e començaron, fuera de la villa e dentro, de robar e matar e fornicar con las moras de la tierra, e no se davan nada por descomunión. E estonces descobríase de llano la saña que era entre el Rey e el Legado. E por estas cosas paresçió bien que los desamparó Dios, ca después, en poco tiempo, perdieron por sus pecados todo quanto havían ganado por el ayuda de Dios; que ellos estuvieron en la tierra dos años e siete meses, e perdiéronla estonces por su locura, porque los comprehendieron sus pecados, assí como vos lo contará la ystoria. (IV, 138-39)

Al igual que la destrucción de Constantinopla, la caída de Damiata es un hecho demasiado trágico como para constatarse sin explicación. La explicación que se da es la de rigor: el desastre se debe a la lujuria y a la desunión de los cruzados.

La sexta cruzada se cuenta extensamente, deteniéndose bastante en las aventuras de Frederic II de Alemania, quien se reúne en Roma con el Papa y con Juan de Breña y acuerda casarse con Elisabet de Jerusalén, prometiéndole al Papa que irá a Ultramar después de la boda y a Juan de Breña que le dejará Ultramar mientras viva. Una vez casado, Frederic rompe ambas promesas, enemistándose con su suegro Juan de Breña, quien se consuela de la pérdida del reino de Jerusalén haciéndose cargo del imperio de Constantinopla, y con su amigo el Papa, quien lo excomulga. Elisabet de Jerusalén muere al dar a luz a su hijo Conrado y Frederic va a Ultramar, donde pacta con los moros, que le entregan Jerusalén, y se corona a sí mismo ante el Santo Sepulcro. Cuando Frederic le comunica al Papa su victoria sobre los moros, éste no sólo no le levanta la excomunión, sino que le invade sus posesiones europeas, por lo que se ve obligado a regresar a Europa, donde recupera sus posesiones. Frederic y el Papa se reconcilian, pero luego se enemistan otra vez y esta vez para siempre. Con Juan de Breña desplazado, Frederic excomulgado y Conrado ausente, Aloys de Chipre, nieta de Amanric y mujer de Raol de Saysón, se hace cargo del reino de Jerusalén cuya capital acaba cayendo en manos de los corasines y perdiéndose para siempre. El entrelazamiento de los hechos del reino de Jerusalén con los hechos de otros reinos es continuo y el relato se estructura de acuerdo con la cronología y no de acuerdo con la interpretación, que aparece en escasas y breves ocasiones, como cuando se atribuye al diablo la desavenencia entre Frederic y Juan de Breña.

Si en el relato de la sexta cruzada Dios casi no aparece, en el relato de la última no aparece ni el diablo, ya que, en ella, la cronología sustituye a la interpretación y la crónica desemboca en anales. El relato de esta cruzada puede dividirse en dos partes que corresponden aproximadamente a los dos viajes de Luis IX de Francia a Ultramar. La primera parte tiene todavía características de crónica, mientras que la segunda parte las tiene ya de anales. Así, el viaje de San Luis a Damiata se cuenta con detalle, dedicándole varios capítulos y separándolo de otros hechos de la época, tales como la muerte de Frederic II de Alemania, mientras que el viaje de San Luis a Túnez se cuenta de pasada, dedicándole una parte de un capítulo y mezclándolo con otros hechos de la época, tales como la muerte de Conrado y de su hijo Conradín y la sucesión de Aloys por su hija Elisabet. A este respecto, son significativos los títulos de los últimos capítulos del Libro IV, que indican el paso del estilo de crónica al estilo de anales:

CCCLXV: *Cómo passó a Ultramar don Luys, rey de Francia.*

CCCLXVI: *En que dexa la ystoria de hablar desto, por contar de la muerte del emperador Fredric.*

CCCLXVII: *De las costumbres de Conrad, hijo del emperador Fredric.*

CCCLXVIII: *Cómo el rey don Luys de Francia tomó a Damiata, [e de las cosas que acaescieron estonces en tierra de Suria].*

CCCLXIX: *Cómo el rey de Francia tomó a Almasora.*

CCCLXX: *Cómo [fue] presa la hueste del rey de Francia, [e cómo] se redemieron, [e de otras cosas que acaescieron estonces].*

CCCLXXI: *Cómo fizo don Luys, rey de Francia, la cibdad de Jafa e de Cesarea, [e de las otras cosas que acaescieron en esse anno].*

CCCLXXII: *De los moros que derribaron el castillo de Doc e Recordana e tomaron Saeta, [e d'otras cosas que acaescieron en esse anno].*

CCCLXXIII: *Cómo el rey Manfre lidió con Carlo, e fue aý muerto en la batalla e presa su muger e sus fijos.*

CCCLXXIIII: *En que cuenta de tierra de Suria.*

CCCLXXV: *Cómo murió el papa Alexandre, e fizieron papa a Urban, [e de los otros fechos que acaescieron en el año de mill e dozientos e sessenta e uno].*

CCCLXXVI: *De los hechos que acaescieron en el año de mil CCLXII.*

CCCLXXVII: *De los hechos que acaescieron adelante.*

El relato de los hechos de los años 1240-50, que abarca los capítulos CCCLXV-CCCLXXIII, todavía presta más atención a los personajes que a los años. En cambio, el de los hechos de los años 1260-70 (capítulos CCCLXXIIII-CCCLXXVII), ya presta más atención a los años.

Stresau señala que el último libro de *Eracles* parece obra de un clérigo, puesto que es una lista de hechos en la que abundan las noticias sobre personajes de la iglesia, y apunta que la *Conquista* sigue este libro de cerca, diferenciándose en que acaba antes, ya que cesa en el año 1271 (páginas 46-47). El que la *Conquista* termine en este año y no en otro puede deberse e que el ejemplar de *Eracles* de que se dispusiese terminase ahí o a que se quisiese terminar la obra ahí a causa del acercamiento de Castilla a Francia. En cualquier caso, tanto al principio como al final de la obra se conecta a Luis IX con Alfonso X. Al principio se subrayan sus lazos de parentesco y al final se subraya su comunidad de ideales. Con mayor o menor éxito, los dos luchan contra los moros. Luis IX en su cruzada en Africa tiene poco éxito:

> E en aquella sazón el rey de Francia, su hermano, e otros muchos condes e ricos hombres e perlados, e mucha gente de los cruzados se movieron para passar a la tierra santa a Ultramar, e ovieron su acuerdo que fuessen para Túnez. E todos los señores fueron muertos e perdidos, e de la otra gente no avía cuenta; assí que todo aquel passaje, que era tan hermoso, fue todo perdido, e aquellos que pudieron escapar tornáronse sin hazer ningún bien a la cristiandad que de contar sea. (IV, 250)

Alfonso X en su cruzada en Andalucía tiene bastante éxito:

> Esta es la ystoria de todo lo que hasta este tiempo passó entre los cristianos e moros en la tierra de Ultramar e hechos otros. E en aquel año mismo de la

encarnación del Señor, de mil e dozientos e sesenta e quatro, desbarató el rey de Castilla al rey de Granada, entre Córdova e Sevilla, e murieron quatro mil moros de cavallo, e de pie gran gente en demasía. (IV, 250)

Si nos fijamos sólo en estos dos párrafos, el final de la obra no parece demasiado sombrío: si los cristianos se unen, pueden vencer a los moros. Sin embargo, estos párrafos están precedidos por un párrafo y separados por otro que indican la dificultad de la empresa. El que los precede es:

E don Enrrique de Castilla, que no se acertara en aquella batalla, passó a Túñez, e después a poco de tiempo partíose de Túñez, do estava, e fuése para el rey Carlos, e estuvo con él un tiempo. E quitóse dél por saña e fuése para Roma, e hiziéronle senador, e alçóse la tierra con él contra el rey Carlos. E los de Pisa començaron a guerrear contra el rey Carlos, donde el infante don Enrrique de Castilla, con los romanos e con ayuda e consejo del conde Galváyn e otros hombres buenos, hiziéron venir a Coradín de Alemaña, hijo de Conrat, e tomaron quanta gente pudieron haver e entraron en Pulla. E el rey Carlos, quando aquello supo, ayuntó su poder e fue contra Coradín, e desabaratólo en campo; e fueron muertos e presos todos los de Coradín, e el hijo del duque de Ostaricha, e el infante don Enrrique de Castilla, e don Guilarte, conde de Pisa, e el conde Galváyn e sus hijos. E esto fue en la era de la Encarnación de mil CCLXVIII años. E todos aquellos hizo el rey descabeçar por juycio de los de la tierra en la cibdad de Naples, en la ribera de la mar, delante sí mesmo, sino al infante don Enrrique de Castilla, al qual no quiso matar porque era su pariente; mas hízolo meter en tal prisión, que más quisiera la muerte que la vida que bivía. E desque los moros de Nocheras vieron el hecho cómo passava, e que no esperavan acorro de ninguna parte, hizieron partido con el rey Carlos e vinieron a su mandado, e diéronle la tierra, e de allí adelante tovo toda la tierra en paz gran tiempo. (IV, 249-50)

El párrafo que los separa es el siguiente:

E el rey Carlos fuése para Pulla, e estuvo gran tiempo en paz. E después fuése para la corte de Roma, e levó consigo a don Juan de Monteforte e a don Enrrique de Alemania, hijo del conde don Ricarte, que era rey de Alemaña. E los cardenales fueron ayuntados en Viterbio por su ruego por hazer papa, e acaesció que los hijos de Simón de Monteforte, don Guion e don Simón, entraron en la yglesia do el sobredicho don Enrrique oýa la missa, e estando en la sacra, fueron a herir en él, e matáronle, e fueron en salvo. (IV, 250)

El mensaje que se desprende de la articulación de estos cuatro párrafos finales es que, frente a cristianos como Luis IX y Alfonso X, que luchan contra los moros, hay unos, como Carlos de Francia y Enrique de Castilla, que matan a cristianos abiertamente «en campo», y hay otros cristianos, como don Guión y don Simón, que asesinan a cristianos a traición «en la yglesia». Las cruzadas no han eliminado la ambigüedad moral ni ordenado el caos semántico del mundo, y la bondad oficial sigue divorciada de la bondad real de los cruzados, cuya buena caballería y comunicación con la divinidad brillan por su ausencia. Así, la obra se acaba con un crimen semiótico, cuando los cruzados le quitan la vida a otro cruzado mientras reza, es decir, mientras se comunica con Dios. Esta muerte, si a un nivel literal es un asesinato, a un nivel alegórico es un suicidio, ya que supone la alienación total de los cruzados respecto a su misión y el consiguiente fracaso de ésta, reflejado en el fracaso de la crónica, que, más que inacabada, está mal acabada, ya que llega hasta el presente o, por lo menos, hasta un pasado muy reciente, pero transformada en anales.

Es típico que los anales se transformen en crónica y que ésta esté inacabada, pero no es típico que la crónica se transforme en anales y que esté acabada. Cabe preguntarse por qué la *Conquista* está más acabada que la *Estoria de España* y la *General estoria*. Hay una urgencia especial en la narración de la *Conquista,* la cual lo sacrifica todo para llegar hasta el presente, que indica que esto tiene especial importancia. Esta urgencia estaba ya en las fuentes francesas y está claro que los traductores castellanos también la sintieron, ya que acortaron considerablemente la segunda parte de la obra, no usando más que una fuente y abreviándola, frente a la primera parte de la obra, que alargaron, usando varias fuentes y ampliándolas, según muestra Stresau (págs. 198-244). Esta prisa por llegar hasta el presente se debe al carácter propagandístico que tienen tanto *Eracles* como la *Conquista,* crónicas cuya función era sin duda no sólo informar sobre las cruzadas, sino también incitar a su continuación. La narración tiene que llegar hasta el presente para que lo narrado pueda continuar. La forma de anales del final de la crónica es un puente entre el pasado glorioso que se evoca y el futuro glorioso que se invoca, y la prisa por llegar hasta el presente no es más que la prisa por ir del pasado al futuro.

Así pues, el carácter propagandístico de la *Conquista* es responsable no sólo de la forma muy épica del principio, sino también de la forma poco épica del final de esta crónica, que, a pesar de sus altibajos, suscitó el suficiente interés como para ser publicada tempranamente:

> Esta preclara e muy excellente obra fue impressa en la muy noble cibdad de Salamanca por maestre Hans Giesser. Acabóse martes, a XXI del mes de junio, año de mil e quinientos e tres. (IV, 250)

Si se contemplan los altibajos de la narración como reflejos de los de lo narrado, y si se valoran el tema y el propósito de la crónica positivamente, la *Conquista* se revela, en efecto, como una preclara obra que bien mereció el honor de haber sido la primera crónica de Alfonso X en imprimirse.

IX

CIVILIZACION Y BARBARIE

Si el estilo de *La gran conquista de Ultramar* se caracteriza por la presencia de la amplificación en la primera mitad de la obra y de la abreviación en la segunda, su estructura se caracteriza por la presencia del clímax en las aventuras del Caballero del Cisne y de Gudufré de Bullón, que constituyen las dos secuencias centrales de las seis que se distinguen en la obra. Estas seis secuencias, en extensión, abarcan, las cuatro primeras, la primera mitad de la obra y, las dos últimas, la segunda. Las dos primeras secuencias comprenden el planteamiento de la obra, que se presenta como una crónica caballeresca que va a contar los hechos sucedidos a la nobleza europea en Tierra Santa con el objeto de estimular a los oyentes a la gloria. En estas secuencias, se relatan los sufrimientos de los cristianos a causa de los moros en Tierra Santa, la convocatoria de las cruzadas y el fracaso de la primera expedición, debido al predominio de la «gente menuda» sobre los «hombres honrrados» y a la falta de «cabdillos» o líderes, cuya necesidad se hace evidente. Para explicar el fracaso de los cruzados se distingue entre los buenos y los malos y se subraya la necesidad de mejores cruzados para llevar a cabo la empresa. En esta parte, la interpretación de los hechos es bastante intensa. Las dos secuencias centrales están constituidas por las aventuras del Caballero del Cisne y de Gudufré de Bullón, en las que se encuentra el clímax de la obra. En estas secuencias, se cuenta el éxito de la primera cruzada, que se debe a la participación de los mejores cruzados y del mejor líder, Gudufré de Bullón, un caballero más puro aún, si cabe, que el Caballero del Cisne, su antepasado y arquetipo. En esta parte, la interpretación de los hechos es muy intensa. Las dos últimas secuencias comprenden, si no el desenlace, el final de la obra, que refleja la progresiva desaparición de la caballería. En estas secuencias, se relatan los pequeños éxitos y los grandes fracasos de las seis últimas cruzadas, debidos a la decadencia de los «cabdillos», que no son capaces de dominar a la «gente menuda», ni a los «hombres honrrados», ni, en definitiva, a sí mismos. Los fracasos de los cruzados se explican sólo ocasionalmente, no haciéndose demasiadas distinciones entre los buenos y los malos cruzados. En esta parte, la interpretación de los hechos es poco intensa y acaba desapareciendo.

Estas tres partes, de dos secuencias cada una, que se distinguen en la obra corresponden a las tres primeras partes de un doble díptico de muerte y renacimiento que constituye el bastidor ideal de la empresa de las cruzadas. Alan Deyermond (1984-85) afirma que muchas crónicas medievales, entre ellas las de Alfonso X, están estructuradas como un díptico de muerte y renacimiento. En la *Conquista* hay un doble díptico de pérdida y recuperación de Jerusalén. Lo que pasa es que sus partes no reciben la misma atención. La primera pérdida de Jerusalén se cuenta rápidamente y como preparación para el relato de la primera recuperación, que se cuenta con detalle. La segunda pérdida de Jerusalén se cuenta también rápidamente e igualmente como preparación para el relato de la segunda recuperación, a la que se incita. Lo más visible de la obra, entonces, son las partes segunda y tercera, el éxito de la primera cruzada y el fracaso de las seis últimas, correspondiendo la primera parte a un pasado nebuloso y la cuarta parte a un futuro incierto. La *Conquista* presenta las cruzadas como una empresa en la que los cristianos van a afirmar su bondad frente a la maldad de los moros y a eliminar la ambigüedad moral del mundo. Tras el éxito, sin embargo, viene el fracaso, lo que se atribuye a la desunión y a la lujuria de los cristianos, que no logran diferenciarse de los moros ni, por lo tanto, eliminar la ambigüedad moral del mundo. Este tipo de explicación, que, como dice Deyermond, está presente en muchas crónicas medievales, entre ellas las del Rey Sabio, es interesante, ya que los pecados escogidos, la desunión y la lujuria, son típicos de los salvajes (pág. 355).

La figura del salvaje en la literatura y el arte es conocida. El salvaje se describe como un hombre desnudo y peludo que lleva una porra o una vara. Este hombre puede ser antropófago y mudo y suele ser feroz y temible. La literatura y el arte españoles presentan abundantes ejemplos de salvajes. Entre los más famosos se encuentran los que aparecen en las páginas del *Quijote* y los que aparecen en la fachada de la iglesia de San Gregorio de Valladolid. Richard Bernheimer ha estudiado el desarrollo de la figura del salvaje en la Edad Media, señalando que ésta florece entre los siglos XII y XIV. Según Bernheimer, los salvajes se caracterizan por su insociabilidad y promiscuidad (1970, págs. 21-22, 29 y 34). Hayden White ha analizado el desarrollo de la figura del salvaje desde la antigüedad hasta la actualidad, apuntando que ésta se diferencia de la del bárbaro. Para White, los salvajes se caracterizan por no vivir bajo ninguna ley, frente a los bárbaros, que viven bajo algún tipo de ley (1982, pág. 165-66). Aunque salvajes y bárbaros comparten algunos rasgos, éstos viven lejos de los civilizados, mientras que aquéllos viven cerca de ellos. La barbarie está fuera de la civilización, en tanto que el salvajismo está dentro de ella. No es difícil ver el paralelo entre la civilización de los buenos cristianos, el salvajismo de los malos cristianos y la barbarie de los moros, buenos y malos, e interpretar el fracaso de los cruzados como debido a que los salvajes que albergan en su seno no les permiten superar a los bárbaros[1].

En efecto, el primer capítulo de la *Conquista* se abre con un párrafo en el que se dice que las reglas de los moros no son, como las de los cristianos, leyes buenas basadas en la virtud, sino leyes malas basadas en el vicio. Por esta razón, la victoria de los cristianos sobre los moros debería ser fácil y total. Sin embargo, no lo es. Gudufré de Bullón, que, como su antepasado el Caballero del Cisne, es sociable y puro, es decir, civilizado, logra ganar Jerusalén, pero sus hermanos y sus descendientes, que son cada vez menos sociables y menos puros es decir, menos civilizados, acaban perdiéndola. Todos los desastres se explican como debidos a la desunión y a la lujuria de los cruzados, o sea, a su salvajismo.

Por si quedara alguna duda respecto al salvajismo de los cruzados, la Conquista presenta unos misteriosos personajes de extrañas características cuya función en la obra es encarnar este salvajismo. Se trata de los tahures, grupo de vellacos que participan en la expedición. La manera de presentar a estos personajes que tiene este episodio, sacado de la *Chanson d'Antioche,* no halaga a la «gente menuda», como sugieren Karl H. Bender (1974) y Edwin J. Webber (1983), sino que, por el contrario, la presenta como la causa del fracaso de los «hombres honrrados». Así, en el sitio de Antiocha, los cruzados pasan mucha hambre y los tahures le dicen a Pedro el Ermitaño que, si no les da un asno para comer, lo comerán a él. No teniendo ningún animal que darles y teniéndoles miedo, él les dice que coman la carne de los moros, que es mejor que la carne de asno. Los tahures, ni cortos ni perezosos, siguen su consejo, aficionándose a la carne humana:

> E dexáronse luego correr a los moros que estavan muertos por los campos, e tajávanles las cabeças e poníanlas a una parte, e desmembrávanlos todos, e assaron e cozieron dellos, e hizieron muy grandes cozinas. E aquel rey dellos assentólos a compañas, e dióles muy bien que comiessen; e tan gran sabor cogieron aquel día en aquellos moros que comían, que no dexaban ningunos de quantos podían haver, que todos no los comiessen. E adobávanlos con salsas de muchas maneras, porque les sopiessen mejor; e desque no los hallavan por el campo, yvan de noche a los que soterravan los de la villa, e sacávanlos de las huessas e comíanlos. (II, 38)

La afición a los tahures a la carne humana llega a tal extremo que organizan banquetes:

---

[1] Sobre la barbarie de los moros, véanse los artículos de Comfort, 1940, y Burshatin, 1985.

> Los arlotes desenterravan los moros; e los que hallavan frescos comíanlos, e los otros echávanlos en el río. E estavan comiendo e cantando e haziendo grandes alegrías, e diziendo que mala ventura viniesse a quien nunca se quexasse de hambre mientra que hallasen tal carne que comiessen como aquella que ellos tenían. E sobre esso embiavan sus mensajeros a los hombres honrrados de la hueste que les embiassen pan e vino; e ellos, que les embiarían de aquella carne bien abasto que comiessen. (II, 39)

Los líderes no sólo les dan el pan y el vino, sino que también les bendicen la comida. Esta especie de comunión macabra resulta verdaderamente sorprendente, no tanto por la antropofagia de los tahures como por la actitud de los líderes al respecto. Obsérvese que, aunque los líderes no comen carne humana, no les parece mal que los tahures lo hagan. Aparte de las razones más obvias, como la falta de comida y la desmoralización del enemigo, hay una razón más sutil y es que los tahures son los salvajes oficiales de la expedición. Como tales, son hombres degradados, casi animales, que dan rienda suelta a sus instintos. De ahí que los moros les llamen fieras bravas y los cristianos no les contradigan:

> E en tanto que ellos en esto estavan, Harsilis, el rey de Antiocha, dió muy grandes bozes encima del muro, llamando por sus nombres a Boymonte e a don Yugo Lomaynes, e rogándoles que tornassen a él, que quería hablar con ellos; e entonce tornaron allá con voluntad de los otros hombres honrrados que allí eran. E el Rey les dixo assí: que se maravillava porque tan mal consejo havían, de desenterrar los muertos, e dessollarlos e comerlos como si fuessen bestias bravas. E Boymonte le dixo que esto no lo hazían ellos, ni era por su consejo; mas aquel que lo hazía, que era uno que acabdillara la gente baldía, e llamávasse rey de los arlotes, e que no eran hombres que se acabdillassen por otro ninguno sino por aquél. (II, 40-41)

Los cristianos les tienen tanto miedo a los tahures como los moros, ya que no pueden controlarlos. De ahí que aprecien a su rey, que es el único que puede dominarlos:

> Donde ovo de ser que un rey de los tahures havía en la hueste, que era cavallero, e fuera muy bueno de armas en su mancebía, e era ya caýdo en vejez; mas con todo esso, tamaño plazer havía él siempre en taurerías e en todas aquellas cosas que usan los que biven a su talante, que no quisiera echarse a servir señor, ni haver otra soldada sino bevir siempre con los tahures, e por esso le hizieron cabdillo e rey dellos. E él era grande e fuerte e muy rezio, según su hedad, que era bien de sesenta años e más; ya provava también en aquella hueste que no oviera aý ningún buen hecho en que él no se acertasse con su compaña; por que le amavan los hombres honrrados e le hazían mucha honrra, e señaladamente porque les detenía los vellacos e la otra gente menuda que no se fuessen de la hueste; assí que quanto le davan, todo lo partía con ellos. (II, 37)

Bernheimer señala que, en la Edad Media, el salvaje se consideraba como un hombre que, a causa de sus circunstancias psicológicas o sociológicas, había descendido a un status subhumano (1970, pág. 8). White apunta que los grandes teólogos, como San Agustín y Santo Tomás, consideraban este status subhumano como reversible y al salvaje como a un hombre capaz de alcanzar la salvación (1982, págs. 162-65). O sea que se consideraba que la diferencia entre civilizados y salvajes era sólo de grado. El proceso de degradación que convierte a los civilizados en salvajes se ve con especial claridad en la figura del rey de los tahures, que representa un estado intermedio entre los dos, razón por la cual actúa de intermediario entre ambos. El miedo que los civilizados tienen a los salvajes, pues, no es más que el miedo que se tienen a sí mismos, a lo que puede pasarles si se abandonan a sus inclinaciones.

En este episodio, se tiene la impresión de que los líderes celebran el salvajismo de los tahures como una gracia por miedo, que ríen por no llorar. Al fin y al cabo, más vale que los tahures coman moros muertos que cristianos vivos. Se trata de un intento de desviar su fuerza hacia otra parte, pero no de dominarla. En otras palabras, se trata de lanzar a los salvajes contra los bárbaros, pero no de controlarlos, y aquí es precisamente donde los líderes fallan, porque lo que deben hacer es civilizar a los tahures como paso previo para vencer a los moros. El hecho de que no lo hagan puede interpretarse como símbolo de la falta de control de los cruzados sobre sí mismos, la cual causa que no puedan vencer a los infieles. En este sentido, es significativo que el éxito de Gudufré de Bullón se asocie con su control sobre sí mismo. Por cierto que Gudufré acaba controlando también a los tahures, según ejemplifica la vara que el rey de los tahures le da para usarla como cetro el día de su coronación como rey de Jerusalén. Esta vara es uno de los atributos típicos de los salvajes y puede interpretarse como símbolo de la rendición del salvajismo de los tahures a la civilización de Gudufré. La victoria de los civilizados sobre los bárbaros coincide, pues, con su victoria sobre los salvajes. En el momento en que el salvajismo vuelve a triunfar, vuelve a triunfar también la barbarie.

No es casualidad, entonces, que la *Conquista* no oculte los defectos físicos y morales de los sucesores de Gudufré de Bullón, ya que cuando la obra habla de la fealdad de un rey o de la demencia de otro, lo mismo que cuando habla de su insociabilidad o de su promiscuidad, en realidad está hablando de su salvajismo.

Al identificar los fracasos con el salvajismo y los éxitos con la civilización de los cristianos frente a la barbarie de los moros, la *Conquista* no sólo explica los fracasos y los éxitos del pasado, sino que también da una receta para evitar fracasos y lograr éxitos en el futuro. Por esta razón, aunque su final es sombrío, la crónica no carece de nostalgia y de esperanza y puede considerarse como propaganda, ya que ofrece una fórmula para que los cristianos venzan a los moros: la civilización, que no es otra cosa que la caballería.

En efecto, en la *Conquista* el personaje de Gudufré de Bullón, que es el cruzado más civilizado de todos, se ajusta al modelo del héroe salvador, el cual es el modelo del caballero andante por excelencia. Por si hubiera alguna duda respecto al tipo de personaje que es Gudufré de Bullón, la *Conquista* incluye las aventuras del Caballero del Cisne, su antepasado y arquetipo, el cual es un típico héroe salvador y caballero andante. Por cierto que el Caballero del Cisne es un perfecto ejemplo de civilización y caballería, ya que se cría en el bosque como un animal, hasta que, tras superar su salvajismo, vence la barbarie de la condesa Ginesa, defensora de una ley mala: la condena del parto múltiple como signo de infidelidad. El enfrentamiento del Caballero del Cisne con la condesa Ginesa es un anticipo del enfrentamiento de Gudufré de Bullón con los moros, defensores de una ley mala: la fe de Mahoma. La estrecha relación de Gudufré con los animales es paralela a la del Caballero del Cisne y tiene el mismo significado: que ambos dominan su salvajismo.

La asociación de salvajismo y caballería en la literatura medieval es frecuente. En unas obras, los caballeros se crían como salvajes en un bosque, donde conviven con los animales, a los que dominan, después de lo cual logran dominar a los bárbaros. En otras obras, los caballeros se internan en el bosque a luchar contra los animales y los salvajes, a los que dominan, tras lo cual consiguen dominar a los bárbaros. En el primer caso, el salvajismo es una fase que, una vez superada, conduce al protagonista a un grado más alto de civilización que el alcanzado por otros hombres. En el segundo caso, el salvajismo es una prueba que establece la superioridad del protagonista frente a otros hombres. El Caballero del Cisne, que se cría en un bosque, donde convive con los animales, pertenece al primer tipo y Gudufré, que se interna en el bosque a luchar con los animales, pertenece al segundo.

A este respecto, llama la atención la importancia que tienen los animales en la *Conquista*, en la que aparecen en la realidad y en el sueño, a los personajes principales y a los personajes secundarios, confiriendo a veces a la obra un aire de pesadilla surrealista o de *delirium tremens*. Aparezcan en el contexto en que aparezcan, estos animales tienen siempre un valor simbólico que, en la mayoría de los casos, es interpretado por los personajes de la obra. Dichos animales, curiosamente, se asocian más con los personajes secundarios en la realidad y más con los principales en el sueño. Los únicos personajes principales que tratan con animales reales y no soñados son el Caballero del Cisne y Gudufré de Bullón, asociados con cisnes, osos, palomas y escofles. Tanto el Caballero del Cisne como Gudufré se caracterizan por su capacidad para ayudarse de los animales benéficos y deshacerse de los animales maléficos, es decir, por su dominio de la naturaleza. Si los animales simbolizan los instintos, el Caballero del Cisne y Gudufré se caracterizan por su dominio de éstos.

El tema del dominio de los instintos como paso previo para el dominio de los enemigos se repite en los episodios de Baldovín de Balvais y Harpín de Beorges, en los que ambos caballeros, al librarse de los animales y de los salvajes, se libran también de los bárbaros, ya que el moro Corvalán les deja irse después de sus aventuras en el bosque.

Efectivamente, yendo hacia Oliferna, los cautivos se pierden y llegan a un bosque donde hay una horrible serpiente:

> E había una muy gran sierpe, de la qual contaremos agora aquí, en aquella tierra del monte Tigris, en una peña muy alta. E ésta era una bestia fiera muy grande e muy espantosa a demás, que estava en una cueva; e tenía en el cuerpo treynta pies en luengo e en la cola, que había muy gorda, doze palmos, con que dava tan grande herida, que no había cosa viva a que alcançasse que no la matasse de un golpe. Las uñas había tan luengas como una bara de quatro palmos, e cortavan como navaja, e eran tan agudas como alezna; e los sus dientes, agudos e luengos, más que los de la bívora. E el su cuerpo era como concha, e tan duro, que ninguna arma no gelo podría falsar; e era grande e espessa e enbarnecida de su cuerpo, e hecha de tantas colores, que no se podrían contar, tanto eran entremezcladas las unas con las otras, pero a lugares apartados entre sí, ca era de la color que llaman añir, e de color de prez e de bray e de verde. Otrosí, era a lugares negra e bermeja e amarilla, de la color de la pantera, que es, otrosí, bestia de muchas colores; e por ende, llaman algunos jaspe pantera, porque son las colores tan mezcladas en ellas, que las no podrían contar ni dezir nombre cierto. Pero es aquella bestia fiera la que llaman en España loba cerval, e los latinos le dizen pantera. E avía cabellos luengos quanto un palmo, e duros, e tales e tan fermosos como filos de oro; e la cabeça grande e ancha, e los oýdos muy espantosos de ver, e las orejas mayores que de una adáraga, con que se escudava e se encubría a manera de esgremidores, de tal forma, que no la podía ninguno herir en la cabeça. E dava tan grandes bozes, que se podrían oýr a grandes dos leguas; e trayá en la fruente una piedra, que relumbrava tanto, que podría hombre ver de noche la su claridad a dos leguas e media. (II, 341-42)

Este animal ha devorado a muchos hombres, entre ellos al hermano de Baldovín de Balvais, quien, equipado con una lista de los nombres de Dios y dos espadas, se enfrenta con la serpiente. La lucha es larga y sangrienta. La serpiente traga una espada y Baldovín, tras recitar los nombres de Dios, la mata con la otra espada, viendo salir al diablo por la boca del animal. Tras apoderarse del tesoro que la serpiente tenía en su cueva, Corvalán libera a Baldovín.

De manera similar, al llegar a Oliferna, un lobo arrebata a un sobrino de Corvalán y lo lleva a un bosque, donde un mono se lo quita y se sube a un árbol con él. Harpín de Beorges pasa la noche al pie del árbol, donde le acosan unos leones, unas serpientes y otros animales, que no le hacen daño gracias a sus oraciones. Al día siguiente, Harpín recobra al niño, encontrándose luego con unos temibles ladrones:

> E mientras que él hazía esta oración, salieron de la xara diez ladrones, hombres muy fuertes e esforçados, que trayán veynte camellos e diez búfalos que furtaran, e tres azémilas cargadas de paños de seda muy preciados; e todo esto tomaron a cinco mercaderes que havían degollado de gran madrugada. E el apellido desto fuera por toda aquella tierra, e buscávanlos muchos hombres de pie e de cavallo;

> mas ellos, como sabían muy bien la tierra, metiéronse lo más aýna que pudieron por los lugares yermos, assí que aquellos que los buscavan no los pudieron hallar en ninguna parte. E los cinco destos ladrones venían sobre sus buenos cavallos, muy bien armados de lorigas e adáragas, e dardos e de arcos, e eran todos hermanos e hombres de alto linaje, e muy buenos cavalleros de armas; e los otros cinco eran robadores, e andavan descalços en ynvierno e verano, assí que no les penava correr por xara ni por cardos ni por espinos, e no había cosa en el mundo de que tanto se holgassen como de robar. (II, 374)

Los salvajes le atacan y Harpín se defiende. En el medio de la lucha y como respuesta a sus oraciones llega Corvalán. Los ladrones dejan a Harpín y se refugian en su guarida con el niño. Entonces Corvalán hace un pacto con ellos y les perdona a cambio de la devolución de su sobrino. Tras apoderarse del tesoro que los ladrones tenían en la cueva, Corvalán libera a Harpín.

Lo que más llama la atención en estos episodios es la mezcla de salvajes y animales que presentan. En el episodio de Baldovín de Balvais sólo hay un animal, la serpiente, pero ésta tiene rasgos de otros animales (piel de pantera) y de salvajes (cabellos largos). En el episodio de Harpín de Beorges hay varios animales y salvajes (el lobo, el mono, los leones, las serpientes y los ladrones), los cuales aparecen mezclados. Esta mezcla es la que convierte tanto a la serpiente de Baldovín como al lobo, al mono, a los leones, a las serpientes y a los ladrones de Harpín, en monstruos. Estos monstruos representan los instintos, según atestigua el hecho de que la *Crónica* los llame tentaciones, y los trate como tales. Lo que Baldovín y Harpín quieren es no caer en las tentaciones, no mezclarse con los animales, no hacerse salvajes. Tras superar estas pruebas, Baldovín y Harpín son liberados, yendo a Jerusalén en cuya conquista participan. Por cierto que la conquista de Jerusalén tiene lugar justo después de que Gudufré de Bullón mata a tres escofles de un tiro de saeta, hecho que tanto los cristianos como los moros interpretan como una señal de la próxima victoria de los primeros sobre los segundos. Al vencer a los animales o a los salvajes que albergan dentro de sí, los cruzados vencen también a los bárbaros que tienen enfrente.

Después de la conquista de Jerusalén, sin embargo, la presencia de los animales en la obra disminuye, mientras que la presencia del salvajismo que éstos representan aumenta. Es el triunfo del salvajismo a todos los niveles. La interpretación da paso a la cronología y la narración se hace tan salvaje como lo narrado, eliminando las metáforas, como las de los animales, y desarticulándose poco a poco, hasta acabar abruptamente, desnuda y muda, en el medio de un episodio. En este sentido, la *Conquista* es una crónica salvaje, ya que experimenta una desnarrativización que la convierte en anales.

Al regresar a una fase narrativa anterior, sin embargo, la *Conquista* se pone en condiciones de volver a empezar, es decir, de narrativizarse. La forma de anales del final de la crónica sirve, pues, no sólo para ir más rápidamente del pasado al futuro, sino también para ofrecer un nuevo comienzo, tanto a la narración como a lo narrado. Es el grado cero de la narratividad histórica. El tipo de nuevo comienzo que la *Conquista* postula se adivina en sus párrafos finales, en los que se dice que, mientras que Luis IX tiene poco éxito en Africa, Alfonso X tiene bastante éxito en Andalucía, lo que parece insinuar que la solución está en conectar ambas empresas en una gran campaña hispano-francesa cuyo fin último sea la recuperación de Jerusalén.

Es interesante que la obra se acabe en este punto y no en otro. A este respecto, Pascual de Gayangos dice:

> Tanto el códice de la Biblioteca Nacional, como el que sirvió para la impresión de Salamanca, terminan, en 1271, con el horrible asesinato de Enrique de Alemania en la iglesia de Viterbo; pero aun va mas allá el continuador francés de Guillermo de Tiro, puesto que prosigue su historia hasta el año de 1275, concluyendo con un análisis del concilio general que el año anterior celebrara en Leon el papa Gregorio X. Refiérense en esta parte, no traducida, del original francés, que ocupa ocho columnas de la compilación de Dom. Martene, algunos sucesos importantes de historia española, que no atinamos por qué causa pudieron omitirse, á no ser que el traductor creyera que, tratándose de una historia de las Cruzadas, eran ó supérfluos ó inoportunos. (1858, pág. X)

Tras enumerar estos sucesos, que incluyen las disensiones entre Alfonso X y Felipe III, Gayangos añade:

> Creerán algunos que el olvido intencional de sucesos en que tanto intervino este rey, y que ocurrian precisamente por los años en que se supone mandaba traducir la *Conqueste d'Outremer,* son una prueba no equívoca de que la versión castellana fué hecha en su tiempo y por su mandato. Nada hay, en efecto, mas natural que la omisión de acontecimientos y tratos de todos conocidos, y en los que el rey castellano se mostró sobradamente débil y vacilante, posponiendo los derechos de sus nietos á las ruidosas pretensiones de don Sancho; mas asi y con todo, no reputamos esta razon suficiente para disipar la duda, ya en otro lugar emitida, de que la *Gran Conquista de Ultramar* se escribiese en el reinado de don Alfonso el Sábio. (pág. xi)

Aunque ésta no es razón suficiente, sí es una razón más a favor de la teoría de que la *Conquista* fue obra de AlfonsoX, quien proyectó acabarla aquí para disimular sus fracasos, la mayoría de los cuales fueron posteriores a 1271. Además, en esta fecha acababa de subir al trono de Francia Felipe III, quien se enfrentó con Alfonso X a raíz, entre otras cosas, del problema sucesorio castellano y al que probablemente éste no quería mencionar.

El conflicto entre el Rey Atrevido y el Rey Sabio duró varios años y los diversos pontífices que se sucedieron en este período los presionaron a reconciliarse y a unirse en la lucha contra los infieles. A este respecto, Antonio Ballesteros-Beretta dice:

> El 3 de marzo de 1277 el Papa encargaba a su legado Simón de Brie, cardenal de Santa Cecilia, que participase a Felipe III la resolución de castigarle de un

modo ejemplar si descuidaba sus advertencias, olvidando la situación deplorable de Tierra Santa y la urgente necesidad de emprender una cruzada. Aquellos rigores eclesiásticos debían emplearse contra los príncipes que gastaban sus fuerzas en inútiles rivalidades con otros reyes. (1963, pág. 842)

Después de contar otros intentos de solucionar el conflicto, los cuales fracasaron, Ballesteros-Beretta añade:

> Nicolás III, en una bula de 9 de junio del año 1279, manifestaba a Don Alfonso cómo lamentaba el fracaso de las negociaciones. Recordaba todos sus esfuerzos, y los de su antecesor, para lograr el acuerdo entre los dos adversarios. El Papa se desanimó, pero los intereses de la cristiandad en Tierra Santa le dieron nuevos bríos para invocar la paz, a fin de que los príncipes se unieran contra el infiel. Con el fin de impresionar más al rey de Castilla, le enviaba su carta de 20 del mes de febrero de 1280 con un templario que acababa de llegar de Siria, creyendo que la palabra de aquel testigo de vista sería más elocuente que todas las amonestaciones. (Pág. 847)

En 1280, apremiado por varios problemas, entre los que se encuentra una devastadora invasión mora en el Sur de Andalucía para hacer frente a la cual tuvo que apelar a la religiosidad y al patriotismo de sus súbditos exhortándolos a la Guerra Santa, Alfonso X estuvo a punto de reconciliarse con Felipe III, llegando a sugerir, muy convenientemente, que se uniesen con Eduardo I de Inglaterra en la lucha contra los infieles en el Norte de Africa como paso previo para la lucha contra los infieles en el Oriente Medio, según manifiesta su crónica (Rosell, 1875, pág. 58). El conflicto, sin embargo, nunca se resolvió, aunque Alfonso X testó a favor de Felipe III, volviendo a proponer la idea de una cruzada hispano-francesa, esta vez sin mencionar la participación inglesa (Peña, 1973, pág. 209). Esta obsesión indica que el Rey Sabio se había dado cuenta de que, para vencer a los moros, los cristianos debían unirse y superar su salvajismo, puesto que sólo la civilización podía vencer a la barbarie. Quizás la *Conquista* fuese el artístico propósito de la enmienda de un ilustre salvaje arrepentido de sus pecados políticos, pero no lo suficiente como para confesarlos. El momento más salvaje de la vida de Alfonso X fue su enfrentamiento con su hijo, en el curso del cual se vio obligado a aliarse con los moros en contra de los cristianos, situación que le causó no poca perplejidad y tristeza. La decisión de acabar la obra en ese punto y no en otro, sumada al carácter propagandístico de ésta, sugiere que el Rey Sabio quiso pasar del pasado al futuro saltándose un presente salvaje que sin duda le avergonzaba y le amargaba y que quería olvidar. La *Conquista* pudo haber sido la expresión del intenso deseo de ordenar el caos semántico del mundo que debió de haber constituido su último y mayor sueño.

X

«LA GRAN CONQUISTA DE ULTRAMAR» Y LAS NOVELAS DE CABALLERIAS HISPANICAS

La característica más destacada de *La gran conquista de Ultramar* es que incluye tantos episodios y detalles caballerescos que los críticos suelen asociarla con las novelas de caballerías. Aunque la *Conquista* es una crónica, su carácter caballeresco es innegable, lo mismo que su influencia en las novelas de caballerías. Adviértase que por su fecha de composición, anterior a lo que se venía admitiendo, pudo haber influido en todas ellas. *Zifar* y *Amadís*, por ejemplo, contienen varios detalles que coinciden con la *Conquista*. Así, la lucha del Ribaldo con los ladrones y los lobos se parece a la de Harpín de Bourges con el lobo, el mono, los leones, las serpientes y los ladrones. Asimismo, la lucha de Amadís con el endriago se parece a la de Balduino de Beauvais con la serpiente. Hay muchos más parecidos que deberían explorarse. Si esto casi no se ha hecho ha sido por el convencimiento, generalizado hasta ahora, de que la *Conquista* se había compuesto en fecha posterior y también por lo poco conocida que es esta obra, que no muchas personas han leído completa, debido, por lo menos en parte, a su enorme extensión (más de 2.000 páginas en la edición de Cooper) y a su relativa inaccesibilidad [1]. Parece, pues, que ha llegado el momento de colocar a la

---

[1] El paralelo de la *Conquista* con *Amadís* se ha estudiado, aunque podría explorarse más a fondo. El paralelo con *Zifar* casi no se ha estudiado y debería explorarse, ya que es considerable. Una honrosa excepción la constituye la interesante comparación de la *Conquista* y *Zifar* que hace Erich von Richthofen (1981). Aparte de los paralelos señalados por este ilustre crítico, hay episodios como el del viejo que se ríe divertido ante la ambición del joven (*Conquista*, I, pág. 110 y *Zifar*, pág. 93), y el del hombre que entra disfrazado en una ciudad cercada (*Conquista*, III,

Conquista en el lugar que le corresponde dentro del panorama de la literatura caballeresca hispánica. Para esto, hay que preguntarse, primero, qué clase de relaciones hay entre las novelas de caballerías de la Edad Media y las del Siglo de Oro y, segundo, qué relaciones hay entre las crónicas caballerescas y las novelas de caballerías. Antes, sin embargo, hay que aclarar qué se entiende por literatura caballeresca hispánica.

Por lo general, se consideran caballerescas aquellas obras de la literatura hispánica que contienen la estructura narrativa de los relatos folklóricos de héroes salvadores, los cuales se caracterizan por presentar una princesa heredera y un héroe salvador que supera una prueba y obtiene la mano de la princesa y el gobierno de la herencia. Normalmente hay también un rey viejo y un malvado agresor, que suelen desaparecer muy oportunamente. También puede haber otros personajes, como auxiliares o donantes. Se trata de un tipo muy conocido de relato folklórico, el cual constituye la base de la mayoría de las novelas de caballerías hispánicas. Aunque, hasta ahora, los críticos no lo han afirmado de una manera explícita, lo han indicado implícitamente. Por ejemplo, María Rosa Lida de Malkiel (1966, págs. 147-48) y Armando Durán (1973, págs. 96-97) notan que en las novelas de caballerías hispánicas lo importante es la acción externa, mientras que en las francesas lo importante es la acción interna. Lo que ellos consideran una diferencia estilística es, en realidad, una diferencia estructural, ya que depende de los diversos tipos de relatos folklóricos que sirven de base a unas y a otras. La mayoría de las novelas de caballerías hispánicas se basan en los relatos de héroes salvadores, mientras que la mayoría de las francesas se basan en otros tipos de relatos folklóricos. Por esto, cada vez que esta estructura narrativa aparece en obras que no son novelas o que no se consideran novelas de caballerías, los críticos, oyendo campanas, pero no sabiendo dónde, hablan de aires caballerescos. Este es el caso del ejemplo 25 de *El Conde Lucanor,* que trata del matrimonio de la hija del conde de Provenza con el joven que lo libera de la prisión de Saladino (véase González, 1989), y de *Otas,* novela de la *Flos sanctorum,* que trata del matrimonio de la hija de Otas con el joven que la libera del asedio de Garsir (González, 1988). Este aire caballeresco que los críticos perciben es mucho más que eso. Es la estructura narrativa de los relatos de héroes salvadores, la cual apareció por primera vez en la literatura peninsular en las crónicas, extendiéndose luego a las novelas y a otras obras [2].

---

pág. 515 y *Zifar,* pág. 173); hay detalles como la vajilla maravillosa (*Conquista,* I, pág. 382 y *Zifar,* pág. 414), y la nave cargada de ricas mercancías (*Conquista,* III, pág. 34 y *Zifar,* pág. 144); hay expresiones como «el obispo, su chanceller» (*Conquista,* I, pág. 132 y *Zifar,* pág. 435). Tales semejanzas indican una probable influencia de la *Conquista* en el *Zifar,* no tanto en lo que se refiere a la estructura general como en unos aspectos particulares. La influencia de otras obras de Alfonso X en *Zifar* es un tema que debería investigarse.

[2] Sobre la presencia de la estructura narrativa de los relatos folklóricos de «héroes salvadores» en estas obras, véase González, 1984, cuyo último capítulo sirve de punto de partida para éste.

Esta estructura narrativa presenta dos tipos, uno antiguo y otro moderno. En el antiguo el héroe es el hijo menor de un personaje normalmente de una posición social bastante baja; predomina el régimen de transmisión del poder de suegro a yerno. Estas características son propias de las versiones menos modificadas de los relatos folklóricos de héroes salvadores, o sea las versiones en las que éstos no aparecen mezclados con los de «niños separados de sus padres». Las novelas de caballerías hispánicas de los siglos XIV y XV como *Zifar, Curial e Güelfa* y *Tirant lo Blanc* pertenecen a este tipo de relato folklórico, en el que los héroes salvadores conocen su identidad desde su nacimiento y su vida se cuenta desde su mayoría de edad. En el tipo moderno el héroe es el hijo mayor de un personaje normalmente de una posición social muy alta, y se combinan el régimen de transmisión del poder de suegro a yerno y el de transmisión de padre a hijo. Estas características son propias de las versiones más modificadas de los relatos de héroes salvadores, o sea las versiones en las que éstos aparecen mezclados con los de niños separados de sus padres. Las novelas de caballerías hispánicas de los siglos XVI y XVII como el *Amadís* de Montalvo, el *Imperador Clarimundo* y *Palmeirim de Inglaterra*, pertenecen a este tipo de relato folklórico, en el que los héroes salvadores no conocen su identidad hasta su mayoría de edad y su vida se cuenta desde su nacimiento.

En efecto, en las novelas de caballerías de los siglos XIV y XV, el ascenso social del protagonista es grande. Zifar va de caballero pobre de Tarta a yerno y heredero del rey de Mentón. Curial pasa de caballero pobre de Lombardía a príncipe de Orange. Tirant pasa de caballero pobre de Tirania a yerno y heredero del emperador de Constantinopla. En los tres casos la trayectoria social es máxima. Los protagonistas son caballeros pobres y llegan a ser reyes o emperadores, lo que normalmente no era de esperar. En los tres casos la vida de los protagonistas se cuenta desde su mayoría de edad y Zifar, Curial y Tirant conocen su identidad desde su nacimiento. Frente a esto, en las novelas de caballerías de los siglos XVI y XVII, el ascenso social del protagonista es pequeño. Amadís va de príncipe heredero del reino de Gaula a yerno y heredero también del rey de la Gran Bretaña. Clarimundo pasa de príncipe heredero del reino de Hungría a yerno y heredero además del emperador de Constantinopla. Palmeirim pasa de príncipe heredero del reino de Inglaterra a yerno además del emperador de Constantinopla. En los tres casos la trayectoria social del protagonista es mínima. Los protagonistas son príncipes herederos y llegan a ser reyes o emperadores, lo que normalmente era de esperar. En los tres casos la vida de los protagonistas se cuenta desde su nacimiento y Amadís, Clarimundo y Palmeirim no conocen su identidad hasta su mayoría de edad.

Las novelas de caballerías hispánicas de los siglos XIV y XV, como *Zifar, Curial* y *Tirant,* presentan causalidad remota perfectiva y escaso entrelazamiento, mientras que las de los siglos XVI y XVII, como *Amadís, Clarimundo* y *Palmeirim,* presentan causalidad remota imperfectiva y abundante entrelazamiento. Las de los siglos XIV y XV son novelas de protagonistas únicos y de acciones sucesivas en las que los héroes no tienen hermanos ni compañeros de la misma categoría cuyas aventuras se entrelacen con las suyas. A veces tienen compañeros, pero no son de la misma categoría. Por ejemplo, Zifar tiene al Ribaldo, que es un plebeyo, y Curial tiene a Melchior de Pando, que es un anciano. Otras veces tienen compañeros de la misma categoría, pero cuyas aventuras no se entrelazan con las suyas. Por ejemplo, Tirant tiene a su primo Diafebus, que casi nunca se separa de él. Las de los siglos XVI y XVII son novelas de protagonistas múltiples y de acciones simultáneas en las que los héroes tienen hermanos y compañeros cuyas aventuras se entrelazan con las suyas. Por ejemplo, Amadís tiene a su hermano Galaor y a su primo Agrajes, Clarimundo tiene a su primo Dinarte y a su amigo Panflores y Palmeirim tiene a su hermano Floriano y a su primo Florendos. Esto se debe a que, para conseguir lo que no se tiene (causalidad remota perfectiva), no hay que competir con los hermanos y compañeros, sino combatir con los enemigos (escaso entrelazamiento), mientras que, para merecer lo que se tiene (causalidad remota imperfectiva), no sólo hay que combatir con los enemigos, sino también competir con los hermanos y compañeros (abundante entrelazamiento)[3].

Como se ve, las aventuras del Caballero del Cisne y de Godofredo de Bouillón pertenecen al tipo moderno, al que también pertenecen, por cierto, las aventuras de Carlomagno, quien, según se ha observado oportunamente, es heredero de su padre a la vez que heredero de su suegro, ya que aunque es el hijo menor del rey Pipino, cumple la función de hijo mayor, al ser único hijo legítimo.

Efectivamente, en las aventuras del Caballero del Cisne se combinan la transmisión del poder de suegro a yerno y la de padre a hijo, al ser el Caballero del Cisne el hijo mayor del conde Eustaquio y, por lo tanto, heredero del condado de su padre, al mismo tiempo que heredero del ducado de su suegro, el duque de Bouillón. Además, el Caballero del Cisne no conoce su identidad hasta su mayoría de edad, cuando se la revela el ermitaño, y su vida se cuenta desde su nacimiento. Igualmente, en las aventuras de Godofredo de Bouillón se combinan la transmisión del poder de suegro a yerno y la de padre a hijo, al presentarse a Godofredo de Bouillón como el hijo mayor del conde Eustaquio de Boloña y, por lo tanto, heredero del condado de su padre, al mismo tiempo que potencial heredero de la tierra de su posible suegro, el padre de la doncella. Además, Godofredo de Bouillón no conoce su identidad espiritual hasta su mayoría de edad, cuando el abad de Sandrón le revela su futuro como rey de Jerusalén, y su vida se cuenta desde su nacimiento.

Así pues, en lo que se refiere a las estructuras narrativas de los relatos folklóricos de héroes salvadores, la *Conquista* coincide menos con *Zifar*,

---

[3] Pueden utilizarse las siguientes ediciones de estas novelas: *Zifar*, ed. González, 1983; *Amadís*, ed. Place, 1959-69; *Esplandián*, ed. Gayangos, 1857; *Curial*, ed. Miguel i Planas, 1932; *Tirant*, ed. Riquer, 1947; *Clarimundo*, ed. Braga, 1953; *Palmeirim*, ed. Cintra, 1946.

Curial y *Tirant* que con *Amadís, Clarimundo* y *Palmeirim*. Por cierto que las aventuras de Godofredo de Bouillón coinciden menos con las de las novelas de caballerías hispánicas de los siglos XIV y XV y más con las de los siglos XVI y XVII que las aventuras del Caballero del Cisne. Si en éstas no hay en rigor abundante entrelazamiento, puesto que las aventuras del protagonista no se alternan con las de hermanos y compañeros, y no está claro que la causalidad remota sea imperfectiva, ya que la ambición del protagonista es más conseguir que merecer, en aquéllas sí hay abundante entrelazamiento, puesto que las aventuras del protagonista se alternan con las de hermanos y compañeros, y la causalidad remota es imperfectiva, ya que la ambición del protagonista es más merecer que conseguir. Es decir que las aventuras de Godofredo de Bouillón, que presentan no sólo un héroe salvador del tipo moderno (Godofredo es el hijo mayor del conde Eustaquio), sino también causalidad remota imperfectiva (el deseo de Godofredo de merecer Jerusalén) y abundante entrelazamiento (la necesidad de Godofredo de competir con Eustaquio y Balduino por un lado y con Bohemundo y Raimundo por otro), son el antecedente más directo de las aventuras de los protagonistas de las novelas de caballerías hispánicas del Siglo de Oro. Esta coincidencia no parece casual, sin que probablemente se deba a una influencia la *Conquista* en *Amadís,* modelo de las novelas de caballerías hispánicas del Siglo de Oro.

Las relaciones de las crónicas con *Amadís* han sido estudiadas por los críticos con diversos resultados. Unos afirman que hay influencia de algunos elementos del contenido de la *Conquista* en *Amadís:* por ejemplo, el conde de Puymaigre (1890, págs. 117-52) señala la influencia del episodio de Godofredo y la doncella. Otros afirman que hay influencia de algunos aspectos de la forma de la *Estoria de España* en *Amadís:* por ejemplo, Frida Weber de Kurlat (1966) apunta la influencia de los recursos narrativos de la *Estoria.* Llama la atención que los críticos estén dispuestos a admitir la influencia del contenido, pero no la influencia de la forma, de la *Conquista* en el *Amadís.* Incluso James D. Fogelquist (1982), que es uno de los que mejor han estudiado las relaciones entre estas obras, mantiene esta distinción. Por una parte, Fogelquist (págs. 171-85) compara *Amadís* con la *Conquista* y encuentra que la crianza de Esplandián, las tácticas guerreras, el espíritu de cruzada y el providencialismo divino de aquél son parecidos a los de ésta. Por otra parte, Fogelquist compara *Amadís* con la *Estoria de España* y encuentra que las fórmulas de nexo interno, o de relación de cada parte con el resto, y de nexo externo, o de relación del autor con el público, y las fórmulas de reconciliación de versiones diferentes, o de relación de la interpretación escogida con las interpretaciones descartadas, son parecidas en las dos obras (págs. 113-39). Fogelquist concluye que el autor del *Amadís* primitivo conocía a fondo la literatura castellana de finales del siglo XIII, ya que, aparte de inspirarse en estas crónicas, se inspiró en las traducciones hispánicas de las obras artúricas (págs. 191-92). Según Fogelquist, Montalvo no hizo más que acentuar los rasgos que ya estaban presentes en el *Amadís* primitivo y añadir una conclusión, las *Sergas,* en la que forja una nueva doctrina de la caballería refundiendo la caballería bretona de las obras artúricas bajo la influencia de la caballería cristiana de la *Conquista* y el ejemplo de los Reyes Católicos (págs. 186-87). Así pues, Fogelquist concede gran importancia a la *Conquista* como fuente no sólo del contenido de *Amadís,* sino también de las *Sergas,* pero busca los antecedentes de la forma de *Amadís* y de las *Sergas* en la *Estoria de España.* Sin embargo, no es necesario acudir a la *Estoria de España* para buscar los antecedentes de las fórmulas de nexo interno y externo ni de las fórmulas de reconciliación de versiones diferentes, ya que la *Conquista* está llena de ellas. Así, hay fórmulas de nexo interno como la siguiente:

> Cuenta la ystoria que una gran parte de aquella gente de los turcos entraron a morar a la tierra de Persia, porque la fallaron muy buena de pastos e de todo aquello que ellos havían menester, e assentaron con el Soldán que le diessen muy gran pecho, tanto como él quiso demandar; e esto hazían ellos porque él los quisiesse dexar bevir en la tierra. (I, 22-23)

Asimismo, hay fórmulas de nexo externo como:

> Pedro el Hermitaño, en quanto moró en aquella villa, oyó dezir en cómo el rey de Ungría supiera de cómo le mataran su gente, e que oviera dello gran pesar, e que se adereçava quanto podía para venirlos a vengar; e si él ovo miedo, esto no deve ninguno demandar. (I, 55)

Por último, hay fórmulas de reconciliación de versiones diferentes tales como ésta:

> E comoquier que su locura les empeció, assí como agora oyredes, mucho desayunó ventura; ca un día ante desto, llegara a Niquea un moro muy rico e muy poderoso, que embiara el soldán de Persia con su mandado a Çuleman, que avía nombre Orbagán (e aquél llamavan los franceses en su romance Corvalán). (I, 66)

Probablemente, lo que ha pasado es que los críticos, queriendo encontrar paralelos entre las crónicas de Alfonso X y las novelas de caballerías y pensando que la *Conquista* no era obra del Rey Sabio, se han esforzado en buscarlos en la *Estoria de España.* Aunque las otras crónicas de Alfonso X sin duda influyeron en las novelas de caballerías, la *Conquista* parece ser la crónica que más influyó en *Amadís* —no debemos olvidar que Montalvo la cita en el prólogo. Además, aunque la versión de Montalvo, como la versión primitiva de *Amadís,* se habrá inspirado en un manuscrito de la *Conquista,* no deja de ser interesante que esta crónica se publicase en 1503, ya que indica que suscitó más interés que las otras crónicas de Alfonso X (una refundición tardía de la *Estoria de España* se publicó en 1541, y la *General estoria* no salió impresa hasta el siglo XX). La *Conquista* tuvo así mayor oportunidad de influir en las novelas de caballerías del Siglo de Oro.

Cabe preguntarse por qué esta crónica se publicó antes que las otras crónicas de Alfonso X, por qué la *Conquista* influyó en *Amadís* y por qué éste se convirtió en el modelo de las novelas de caballerías hispánicas del Siglo de Oro. Las respuestas a estas preguntas están interconectadas. Fogelquist recuerda que uno de los acontecimientos europeos más sonados que tuvieron lugar en vida de Montalvo fue la toma de Constantinopla por los turcos en 1453, que los cronistas de la época atribuyeron a la misma causa que la perduración de los moros en Granada, o sea, a las discordias de los cristianos. A este respecto, Fogelquist llega a la siguiente conclusión:

> Al formar la nueva doctrina de la caballería encarnada en Esplandián, Montalvo refunde la caballería bretona bajo la influencia de la caballería cristiana militante de la *Gran Conquista* y el ejemplo histórico inmediato de los Reyes Católicos. Así, por consiguiente, al leer las *Sergas* en conjunto con el *Amadís*, se nota el reflejo de un proceso histórico verdadero en la Castilla y León de la segunda mitad del siglo XV. La resolución de los problemas internos en el mundo de Amadís, o sea, el gran conflicto entre el protagonista y Lisuarte, establece una base sólida sobre la que Esplandián puede lanzar una cruzada contra los turcos. De la misma manera, según los cronistas de fines del siglo XV, el reestablecimiento del orden político y social en la España de los Reyes Católicos permitió la reconquista de Granada. Del mismo modo, Montalvo esperaba que los reyes de toda Europa se unieran bajo la bandera de una nueva caballería cristiana para eliminar la amenaza del islam a través del mundo. (págs. 186-87)

Probablemente, la *Conquista*, compuesta a finales del siglo XIII por razones propagandísticas, se publicó a principios del siglo XVI por las mismas razones: para conectar las empresas de los españoles con las de los cruzados. Aparte de estas razones, hay otra y es que la *Conquista* reflejaba los ideales de la época. De las tres crónicas de Alfonso X, dos, la *Estoria de España* y la *General estoria*, son universales y cuentan los hechos sucedidos a todos los grupos sociales de un territorio —la nobleza, el clero y el pueblo de España, del mundo— y una la *Conquista*, es particular y cuenta los hechos sucedidos a un grupo social de varios territorios —la nobleza de unos países europeos—, siendo la última mucho más del gusto del Siglo de Oro que las primeras, ya que, en esta época, por una parte, decae el interés por la crónica general y, por otra, aumenta el interés por la literatura caballeresca. La *Conquista*, que es una crónica particular de hechos caballerescos, tenía todas las posibilidades de ganar y ganó, porque es una crónica caballeresca del tipo moderno, que es lo que el público del Siglo de Oro quería. En esta época de conflictos dinásticos y obsesiones genealógicas, de autoritarismo real y continuidad social, lo que el público quería no era soñar con caballeros pobres que conseguían llegar a ser reyes o emperadores, sino soñar con príncipes herederos que merecían llegar a ser reyes o emperadores. Por eso, cuando los escritores de los siglos XVI y XVII volvieron los ojos hacia el pasado, no se fijaron en las novelas de caballerías de los siglos XIV y XV, que presentaban los valores de la época de la burguesía, en la que lo importante era el individuo, la ambición y la ganancia, sino en las obras caballerescas de los siglos XII y XIII, como la *Conquista* y el *Amadís* primitivo, que presentaban los valores de la época del feudalismo, en la que lo importante era la corte, el linaje y la herencia, los cuales, curiosamente, coinciden con los valores de la época del autoritarismo[4]. No es casualidad, pues, que Montalvo refundiese el *Amadís* primitivo ni que invocase la *Conquista* en el prólogo de éste. Tampoco es casualidad que el *Amadís* de Montalvo tuviese un éxito fulgurante y suscitase inmediatas imitaciones ni que la *Conquista* se publicase tan temprano.

De lo dicho hasta ahora se deduce que la *Conquista* representa, en efecto, una de las fases del desarrollo de la literatura caballeresca hispánica, tal como creía Sarmiento[5]. Sólo que, a diferencia de lo que pensaba Sarmiento, la *Conquista* no es la única representante de esta fase, que es la primera de las tres que se pueden distinguir en la literatura caballeresca hispánica[6].

La primera fase comprende, aproximadamente, los siglos XII y XIII, que constituyen la época del feudalismo y del románico, que es un período romántico y estático, en el cual, por una parte, la nobleza se establece firmemente y se hace hereditaria y conservadora y, por otra, casi no hay una clase media frente a la clase alta. Las obras caballerescas de esta época, en la que los reyes son fuertes, son principalmente crónicas latinas y castellanas. En las crónicas latinas, que son fundamentalmente la *Historia Karoli Magni et Rotholandi,* el *Chronicon mundi* y *De rebus Hispaniae,* hay detalles caballerescos, sobre todo en la última, la cual presenta una versión breve, pero completa, de los relatos folklóricos de héroes salvadores: las aventuras de Carlomagno y Galiana. En las crónicas castellanas, que son fundamentalmente la *Estoria de España,* la *General estoria* y la *Conquista,* hay episodios caballerescos, sobre todo en la última, la cual presenta tres versiones largas y elaboradas de los relatos de héroes salvadores: las aventuras del Caballero del Cisne y Beatriz, las aventuras de Godofredo de Bouillón y la doncella, y

---

[4] Para una introducción a los valores y a los gustos de estos tres períodos, pueden verse, entre otros, los siguientes estudios: Bloch, 1958; Huizinga, 1973; von Martin, 1968; Grassotti, 1969; Valdeón, 1975; y Hauser, 1971.

[5] Fray Martín Sarmiento, *Disertación sobre el «Amadís de Gaula»,* obra descrita por Sholod, 1972. El trabajo se publicó dentro de la *Noticia de la verdadera patria (Alcalá) de él* [sic]*, Miguel de Cervantes* (escrita en 1761), ed. Isidro Bonsoms (Barcelona: Alvaro Verdaguer, 1898), según indica Eisenberg, 1987, pág. 18. Sarmiento cree que la *Historia Karoli Magni et Rotholandi,* del siglo XII, representa la primera fase y que la *Conquista,* del XIII, representa la segunda fase del desarrollo de la literatura caballeresca hispánica. Sin embargo, estas crónicas no presentan grandes diferencias en lo que a su filosofía caballeresca se refiere.

[6] Para una introducción a la literatura caballeresca, pueden verse, entre otros, Duby, 1977 y 1987; Keen, 1984; Moorman, 1967; Benson y Leyerle, eds., 1980; Ramsey, 1983; R. S. Loomis, ed., 1959; García Gual, 1974; Clemencín, ed., 1833-39 y 1942; Entwistle, 1925; Thomas, 1952; Riquer, 1967; Amezcua, 1984; Curto Herrero, 1976; y Eisenberg, 1972.

las aventuras de Carlomagno y Alia. La literatura caballeresca de esta fase se caracteriza por el predominio del héroe salvador del tipo moderno y por la defensa de la monarquía y de la continuidad social. Esto se debe, no sólo a los gustos del período, sino también a las exigencias del género: los protagonistas de las crónicas suelen ser reyes o emperadores, los cuales, por lo general, son príncipes herederos. A este período pertenece también el *Amadís* primitivo, que parece haberse compuesto a finales del siglo XIII[7].

La segunda fase abarca, más o menos, los siglos XIV y XV, que constituyen la época del capitalismo temprano y del gótico, un período realista y dinámico en el cual, por una parte, la alta nobleza es sustituida por la baja nobleza, que es progresista, y por otra, hay una clase media con acceso a la clase alta. Las obras caballerescas de esta época, en la que los reyes son débiles, son novelas de caballerías más o menos originales como *Zifar*, *Curial* y *Tirant*. La literatura caballeresca de esta fase se caracteriza por el predominio del héroe salvador del tipo antiguo y por la defensa de la nobleza y de la movilidad social.

La tercera fase comprende, aproximadamente, los siglos XVI y XVII, la época del autoritarismo y del clasicismo, que es un período romántico y estático, en el cual, por una parte, la baja nobleza, convertida en alta nobleza, se hace conservadora y por otra, la clase media imita a la alta. Las obras caballerescas de esta época, en la que los reyes son fuertes, son novelas más o menos originales como el *Amadís* de Montalvo, *Clarimundo* y *Palmeirim*. La literatura caballeresca de esta fase se caracteriza por el predominio del héroe salvador del tipo moderno y por la defensa de la monarquía y de la continuidad social.

A este respecto, la situación de la Península Ibérica es paralela a la del resto de Europa, donde hay continuidad social en los siglos XII y XIII, movilidad social en los siglos XIV y XV y continuidad social en los siglos XVI y XVII, más o menos. La diferencia estriba en que en la Península Ibérica hay pocas novelas de caballerías en los siglos XII y XIII, mientras que en el resto de Europa hay pocas en los siglos XVI y XVII. Es decir que las ideologías de los períodos coinciden, pero no coinciden los períodos de esplendor caballeresco-literario. En la Península Ibérica las novelas de caballerías florecen en la época del autoritarismo, mientras que en el resto de Europa florecen en la época de feudalismo, estando ligado el éxito literario al éxito histórico en ambos casos. Las novelas de caballerías son, pues, el espejo en que se mira, no sólo la clase dominante, sino también el país dominante en cada período.

---

[7] *Historia Karoli Magni*, ed. Meredith-Jones, 1936; *Chronicon mundi*, ed. Schott, 1608; *De rebus Hispaniae*, ed. Schott, 1603. La transformación de las aventuras de Carlomagno y Galiana en un relato folklórico de héroes salvadores se analiza, entre otros, en Bédier, 1926-29; Riquer, 1952; G. Paris, 1865; y Horrent, 1978. Sobre la fecha del *Amadís* primitivo, véase Avalle-Arce, 1990.

Según se observa, las crónicas de Alfonso X son el ejemplo más antiguo de la literatura caballeresca castellana que se conserva, lo que no resulta sorprendente dadas las inclinaciones de este monarca, que armó caballeros a muchos ilustres personajes, los cuales, atraídos por su fama, fueron a su corte a recibir de su mano la investidura militar, según cuenta Jofré de Loaysa (ed. García Martínez, 1982). Al proyectar la estructura narrativa de los relatos folklóricos de héroes salvadores sobre la substancia de sus crónicas sin timidez, el Rey Sabio fue el primer autor castellano que le dio al folklore categoría de materia historiable, es decir, de materia que sirve para darle forma a los datos conocidos de la historia. Esto puede verse tanto en la *Conquista* como en la *General estoria* y en la *Estoria de España*. Los críticos, sin embargo, han separado a éstas de aquélla, la cual han condenado repetidamente como una obra híbrida, mezcla de historia y ficción. Ahora bien, las aventuras del Caballero del Cisne no tienen nada que envidiar a las de Júpiter o Hércules en lo que a ficción se refiere. Nadie, no obstante, ha condenado a la *General estoria* por hablar de Júpiter o a la *Estoria de España* por hablar de Hércules, porque éstos son personajes mitológicos y, por lo tanto, disfrutaron de prestigio como materia historiable durante siglos. Por eso, el hecho de que Alfonso X meta a Júpiter y a Hércules en su árbol genealógico no causa escándalo, pero sí lo causa el hecho de que meta al Caballero del Cisne en el árbol genealógico de Godofredo de Bouillón, porque el Caballero del Cisne es un personaje folklórico y el folklore o sabiduría popular es, por naturaleza, humilde.

La función del folklore en la literatura medieval, sin embargo, dista mucho de ser modesta. Ciertamente, no se limita a aparecer en las colecciones de cuentos. La novela antigua, por ejemplo, es folklore puro, no porque no contenga otros materiales —religiosos, didácticos, etc.—, sino porque, como dice Jacques Le Goff, está estructurada por el folklore, cuyas leyes no osa infringir (1980, pág. 216). La tiranía del folklore como elemento estructurador de las novelas antiguas se ve con especial claridad en *Zifar,* novela en la que se combinan varias estructuras folklóricas. Por una parte, se combinan los relatos folklóricos de hombres probados por el hado (las aventuras de Zifar y su familia) con los de héroes salvadores (las aventuras de Zifar en Mentón). Estos dos relatos folklóricos no se unen armoniosamente y la bigamia de Zifar es el resultado más evidente del choque de estructuras folklóricas. Por otra parte, se combinan los relatos de héroes salvadores (las aventuras de Roboán y Seringa) con los de héroes inexpertos (las aventuras de Roboán en las ínsulas Dotadas). Estos dos relatos folklóricos tampoco se unen armoniosamente y la bigamia de Roboán también es el resultado más evidente del choque de estructuras folklóricas. Tanto Zifar como Roboán están presos en las estructuras folklóricas y lo único que puede hacer el autor para rescatarlos es inventar excusas para la bigamia. La bigamia, sin embargo, no desaparece, porque eliminarla supondría romper las estructuras folklóricas cuyas leyes son muy rígidas. El éxito de la novela antigua no depende de la capacidad de romper las estructuras folklóricas, sino de la capacidad de combinarlas productivamente. Esto se ve con especial claridad en *Amadís,* novela en la que se combinan, entre otras cosas, los relatos de niños separados de sus padres (la infancia de Amadís) con los de héroes salvadores (los amores de Amadís y Oriana). La combinación funciona, porque el primer tipo de relatos sirve de introducción al segundo. En lugar de chocar, los dos tipos de relatos folklóricos se complementan. Esta armoniosa unión de estructuras folklóricas es, sin duda, responsable, al menos parcialmente, del éxito de esta novela.

El folklore está presente también en la poesía épica y no siempre en forma de motivos aislados, sino con frecuencia como principal fuerza estructuradora, según se ve en los poemas épicos del ciclo de las cruzadas. Igualmente, está presente en las crónicas que prosifican estos poemas, como la *Conquista,* donde tiene una función importante, ya que es el modelo de acuerdo con el cual se estructuran los datos conocidos de la historia. Así, las aventuras de Godofredo de Bouillón se calcan de las aventuras del Caballero del Cisne. Este calco, que tanto ha escandalizado a los críticos, no es, sin embargo, diferente a los calcos que se hacen en la *Estoria de España* y en la *General estoria* cuando se estructuran las aventuras de Carlomagno y de Bruto de acuerdo con el modelo de los relatos de héroes salvadores[8]. Es decir que el uso del folklore en la *Conquista,* aunque es más abundante, no es radicalmente distinto del uso del folklore en las otras crónicas de Alfonso X. En las crónicas, el folklore se usa para humanizar la historia, lo que concuerda con las teorías más recientes sobre su función, resumidas por Max Lüthi de la siguiente manera:

> El héroe del cuento de hadas, incluso si es un matador de dragones, se presenta una y otra vez como necesitado de ayuda, con frecuencia como un desvalido que se sienta en el suelo y llora porque no sabe qué hacer. El héroe del cuento de hadas es una criatura deficiente. No tiene destrezas específicas. A diferencia de los animales, que tienen instintos innatos, no está naturalmente equipado para realizar tareas especiales. El héroe del cuento de hadas es, en este sentido, como en tantos otros, un reflejo general del hombre, ser que, de hecho, ha sido descrito por los biólogos y antropólogos contemporáneos como una criatura deficiente, sin destrezas específicas —una descripción esencialmente correcta, a pesar de las objeciones que se le podrían hacer. (1984, pág. 137)

Si el héroe es un retrato del hombre, cuyas preocupaciones y deseos refleja, la utilización del folklore para iluminar los datos conocidos de la historia resulta tan lógica como la utilización de la mitología. Alfonso X usó tanto la mitología como el folklore en sus crónicas, porque, como dice Francisco Rico, para el Rey Sabio toda la historia entra en el *continuum* del saber y

---

[8] Acerca de las fuentes del episodio de Carlomagno, véase R. Menéndez Pidal, 1955. Para las fuentes del episodio de Bruto, véase Kasten, 1970.

todo el saber entra en el *continuum* de la historia (1984, pág. 124). En su afán universalizador, Alfonso X no se limita a utilizar la sabiduría académica de la mitología, sino que utiliza también la sabiduría popular del folklore. El uso del folklore, lo mismo que el uso del castellano, forma parte del proceso de integración y divulgación del saber al que el Rey Sabio se dedicó con tanto ahinco.

Al incorporar el folklore libremente en la *Estoria de España,* en la *General estoria* y, sobre todo en la *Conquista,* Alfonso X no sólo le dio un impulso de grandes dimensiones al desarrollo de la historia medieval castellana, sino que también le dio un impulso de insospechadas consecuencias al desarrollo de la literatura caballeresca hispánica.

En efecto, Alfonso X fue el primero que escribió relatos de héroes salvadores en castellano y sus crónicas sirvieron de modelo a las novelas de caballerías hispánicas, no sólo por su fondo, sino también por su forma. Tanto en su fondo como en su forma, sin embargo, las crónicas del Rey Sabio influyeron menos en las novelas de caballerías hispánicas de los siglos XIV y XV que en las de los siglos XVI y XVII. Esto se debe al cambio de mentalidad que tiene lugar entre los siglos XIII y XIV, cuando el público abandona el ideal del héroe rico en favor del ideal del héroe pobre y trueca la crónica sin final por la novela con final. Entre los siglos XV y XVI el país alcanza la cumbre del poder. Ya no se puede conseguir lo que no se tiene, porque se tiene todo. Ahora hay que merecer lo que se tiene, si no se quiere perderlo todo. El público entonces abandona el ideal del héroe pobre en favor del ideal del héroe rico y disfraza la novela con final de crónica sin final[9].

Daniel Eisenberg señala que las novelas de caballerías hispánicas del Siglo de Oro tienen un final abierto y apunta que esto se debe a que imitan a las crónicas (1982, págs. 127-28). Cabe preguntarse por qué las novelas de caballerías del Siglo de Oro imitan a las crónicas y, más concretamente, por qué tanto el *Amadís* primitivo como el de Montalvo se inspiran en la *Conquista*. Aparte de la razón dada por los críticos que sostienen que la novela se disfraza de crónica para obtener cierta legitimidad narrativa, hay otra razón más profunda y es que el relato no puede acabar, porque lo relatado no puede acabar. En efecto, ni los cruzados de la época del feudalismo ni los españoles de la época del autoritarismo tienen objetivos concretos y alcanzables, sino abstractos e inalcanzables: ordenar el caos semántico del mundo. Es decir que los españoles tienen la misma metanarrativa futuriza de los cruzados de la que habla Stephen G. Nichols (1986, páginas 22-23). Esta metanarrativa futuriza implica la lucha permanente de los buenos contra los malos, de los unos contra los otros, de los civilizados contra los bárbaros, o sea, de los españoles contra los turcos, los protestantes,

---

[9] Para el reflejo del primer cambio en la literatura de la época, véase de Stéfano, 1966; para el reflejo del segundo cambio, véase Fernández Alvarez, 1983.

los indios, etc.[10]. Por eso, puede decirse que estas obras, más que estar inacabadas, son inacabables. Esta inacababilidad de *Amadís* y de las demás novelas de caballerías hispánicas del Siglo de Oro procede de las crónicas de Alfonso X, particularmente de la *Conquista,* cuya forma y contenido es su modelo básico, ya que, aunque es la más acabada, porque llega hasta donde dice que va a llegar, es la más inacabable, porque la lucha entre el bien y el mal de la que habla es eterna. Esta dialéctica, no sólo entre los buenos y los malos, sino también entre sus linajes, que se encuentra en la *Conquista* es la misma que Juan Manuel Cacho Blecua halla en el *Amadís,* en el que se postula que no sólo hay que tener un carácter valiente, sino que también hay que tener una sangre incontaminada:

> Por otro lado, la frase de «limpia y generosa sangre», adquiere en el contexto hispánico unas connotaciones evidentes. Ambas cualidades están relacionadas en una sociedad donde la convivencia de castas se ha hecho cada vez más conflictiva y la demostración de una pureza de sangre es necesaria para muchos aspectos vitales. El hecho de ser caballero audaz, valeroso, según el autor, y la realidad social de la época, están al alcance de cualquiera con dotes personales ajenas a un linaje. (1979, págs. 386-87)

Así pues, la época del autoritarismo tenía muchas razones —una buenas y otras malas— para querer revivir los ideales de la época del feudalismo encarnados en la *Conquista,* que, debido a esta coyuntura, adquirió un nuevo significado y ejerció una inesperada influencia. Nuestra deuda con el Rey Sabio resulta, entonces, mayor de lo que nos imaginábamos, ya que, al ordenar la composición de esta crónica, proporcionó el patrón de acuerdo con el cual, por las razones que fuesen, habían de confeccionarse las más famosas novelas de caballerías hispánicas.

---

[10] Una aproximación interesante a esta dialéctica se encuentra en la obra de Marías, 1985, págs. 73-259. Para el caso de los indios, es estimulante el libro de Todorov (1984). En esta época, la conexión entre Jerusalén y América estaba presente en la mente de todos y muy especialmente de Cristóbal Colón, quien precisamente soñaba con poder conseguir el suficiente oro en las Indias como para poder lanzar una campaña de liberación de Tierra Santa (véase Cummins, 1976). La conquista de América se contempló en principio, en algunos sectores de la sociedad por lo menos, como un paso previo para la conquista de Jerusalén y fue vista como una empresa semejante. De ahí la presencia de libros sobre Jerusalén en la biblioteca de los conquistadores y el éxito en América de las novelas de caballerías inspiradas en las crónicas de las cruzadas. Sobre las lecturas y las obsesiones de los españoles de Ultramar, palabra que en 1492 cobró un nuevo sentido, véanse Rodríguez Prampolini, 1948, y Leonard, 1949. Sobre las motivaciones del descubridor, véase Varela, ed., 1982.

CONCLUSION

Aunque no es el propósito del presente libro comparar *La gran conquista de Ultramar* con sus fuentes, lo que ya han hecho John E. Keller, Hans U. Gumbrecht, Jari T. Engelmann y Christine R. Stresau, no quiero acabar sin hacer referencia a los hallazgos realizados por estos y otros críticos, algunas de cuyas interesantes observaciones sobre el sistema de composición de la obra deseo comentar brevemente a la luz de las hipótesis anteriormente expuestas.

Los cambios que presenta la *Conquista* respecto a sus fuentes son, en un buen número de casos, bastante substanciales. Keller señala la presencia de un realismo detallista en pasajes como el de la cierva que cría a los niños, cuyo extraña conducta se justifica mucho mejor en la versión castellana que en el original francés (1973, págs. 18-19). Gumbrecht apunta la presencia de un realismo costumbrista en pasajes como el de la suegra que odia a la nuera, cuyo perverso comportamiento también se justifica mucho mejor en la versión castellana (1974, págs. 211-12). En ambos casos, la conducta del animal o de la persona en cuestión se hace más creíble. La conducta de la cierva se explica mediante la inteligente domesticación efectuada por el ermitaño. El comportamiento de la suegra se explica mediante la presión social ejercida por la gente. Hay muchos más casos. Así, Engelmann dice que la versión castellana analiza la lucha interna de Beatriz antes de hacerle la fatídica pregunta al Caballero del Cisne mucho mejor que la versión francesa, lo que es una manifestación de realismo detallista, y que en la primera los sobrinos de Florencio se acuestan a dormir la siesta porque hace mucho calor, a diferencia de la segunda, en lo que se exhibe un realismo costumbrista (1974, págs. 92-94 y 66). Asimismo, Stresau dice que la versión castellana analiza la relación de Isonberta con Eustacio mucho mejor que la versión francesa, por las mismas razones (1977, págs. 64 y 63).

CONCLUSIÓN

Aparte de obedecer al gusto castellano por el realismo detallista o verosimilitud sintáctica y por el realismo costumbrista o verosimilitud semántica, según la terminología de Julia Kristeva (1972), algunos de estos cambios pueden obedecer a otras razones. Por ejemplo, en la versión castellana los niños empiezan a jugar a la guerra desde pequeños, lo que no sucede en el original francés (Stresau, 1977, pág. 68). En la versión castellana la defensa de la madre tiene mucha importancia, a diferencia de la versión francesa (Stresau, pág. 60). En la primera se aclara por qué el Caballero del Cisne no quiere revelar su nombre, cosa que no se hace en la segunda (Stresau, pág. 71). En la versión castellana se describe la estatua con gran lujo de detalles, lo que no sucede en el original francés (Engelmann, 1974, págs. 105-06). En la versión castellana el Caballero del Cisne no consuma el matrimonio hasta que el arzobispo le bendice la cama, a diferencia de la versión francesa (Engelmann, pág. 69). Por último, en la primera el Caballero del Cisne se viste de blanco antes de marcharse, cosa que no hace en la segunda (Engelmann, pág. 115). Estos cambios sirven para resaltar el carácter caballeresco de la lucha entre los cristianos y los moros. A este respecto, hay dos cambios muy significativos. El primero es que en la versión castellana Rayner de Saxoña amenaza con hacerse moro si el Caballero del Cisne lo vence. Engelmann atribuye este cambio a la convivencia de las dos religiones en la Península Ibérica, donde había abundantes casos de renegados (página 110). El segundo es que en la versión castellana Mahoma les da a los moros unas leyes malas, basadas en el vicio. Stresau no sabe a qué atribuir este cambio en una obra compuesta en la Península Ibérica, donde había bastante conocimiento del Islam (pág. 200). Tanto Engelmann como Stresau tratan de explicar estos cambios como un efecto del fenómeno de la Reconquista en la obra. Sin embargo, se explican más satisfactoriamente como un efecto del carácter propagandístico de la obra, que no sólo presenta a los moros como malos (Mahoma), sino que también presenta a los malos como moros (Rayner). Se trata de un intento de intensificar la diferencia entre los unos y los otros, los civilizados y los bárbaros. En este sentido, es importante que uno de los cambios sea acentuar el carácter épico, de enfrentamiento del bien y el mal, de la obra, señalado por Engelmann (págs. 8-9), y que otro de los cambios sea subrayar que los fracasos de los cristianos frente a los moros se deben a su salvajismo, apuntado por Stresau (págs. 202-03). La *Conquista*, pues, enfatiza la lucha entre los unos y los otros, los civilizados y los bárbaros, que tienen las cruzadas, cuya naturaleza caballeresca recalca con el objeto de estimular con más fuerza a los oyentes a la gloria.

Los estudiosos han notado que estos cambios a veces se deben a las exigencias del género de la crónica y se parecen a los de las crónicas de Alfonso X. Por ejemplo, Keller relaciona el realismo de la *Conquista* con el del género de la crónica (1973, pág. 19). Engelmann compara la lógica de la obra con la de las crónicas de Alfonso X (pág. 62). Stresau señala varios cambios que acercan la *Conquista* a dichas crónicas, a saber: uso de la palabra «ystoria» (o «estoria») para referirse tanto a las fuentes cronísticas como a las fuentes épicas, utilización de fórmulas del tipo «assí como oýstes» y «como adelante oyréys», utilización de fórmulas del tipo «agora dexa la estoria de fablar de [..] por contar [...]», yuxtaposición de dos o más versiones de un solo suceso, adición de motivaciones de los personajes y de explicaciones de palabras y omisión de actos obscenos y de funciones corporales. Según Stresau, estos cambios, aunque bastante similares, son menos numerosos que los que se encuentran en las crónicas de Alfonso X. Para ella, el parecido más importante entre la *Conquista* y las crónicas de Alfonso X es el concepto básico de la obra, que es una compilación basada en un texto, el cual se interpola con otros. Cree que Sancho IV fue el que ordenó la composición de la *Conquista,* y piensa que ésta representa la decadencia de los métodos narrativos del Rey Sabio (págs. 198-244). Gumbrecht apunta varios cambios que acercan la *Conquista* a las crónicas de Alfonso X, a saber: introducción de materiales maravillosos y entretenidos, énfasis en las virtudes sociales y referencia a la inevitabilidad del hado. Parece creer que Alfonso X fue el que ordenó la composición de la *Conquista,* y piensa que ésta constituye un exponente de los métodos narrativos del Rey Sabio. Según él, en Castilla, debido a las circunstancias militares y culturales, la crónica no se cultivó hasta el reinado de Alfonso X. Para Gumbrecht, en tiempos de Alfonso X, a la reconquista militar sigue una reconquista cultural que adapta y asimila obras de diversos orígenes y géneros para sus propios fines (1974, págs. 208-21). Como se ve, la *Conquista* no es la obra extraña y ajena a la literatura hispánica que se ha venido pintando, sino que, por el contrario, es un producto típicamente castellano, ya que es un ejemplo de la adaptación y la asimilación de obras de diversos orígenes y géneros para sus propios fines.

De las observaciones de estos críticos se deduce que tanto el plan general de la compilación como los aspectos particulares de la traducción están en la línea de las crónicas de Alfonso X, respecto a las cuales la *Conquista* presenta tres diferencias. La primera es que la crónica no cita las fuentes. La segunda es que la traducción es más literal. La tercera es que la compilación le presta menos atención a la cronología. Estas diferencias, sin embargo, son más atribuibles al propósito de la obra que a la personalidad del autor. Francisco Rico ha demostrado que Alfonso X hizo traducciones literales, como *Calila e Digna,* y traducciones libres, como la *General estoria,* dependiendo de lo que se propusiese (1984, págs. 176-80). *Calila e Digna* es una empresa pedagógica, en la que lo que importa es la transmisión de la información y tiene sentido que sea una traducción literal. La *General estoria* es una empresa erudita en la que lo que importa es la interpretación de la información y tiene sentido que sea una traducción libre. La *Conquista,* que no se presenta como una empresa erudita, sino pedagógica, no es una traducción libre, sino literal, aunque, según se ha visto, no tanto como se imaginaba. La *Conquista* es la historia de una gigantesca hazaña, que se contempla globalmente. En una obra de este tipo importa más lo que se cuenta que cómo se cuenta. La precisión temporal, el comentario creativo y el aparato crítico se reducen a lo imprescindible para lograr su objetivo, que es incitar a su continuación.

Stresau piensa que la *Conquista* se compuso como resultado del interés por la historia universal generado por la *General estoria* y cree que, de haberse continuado la segunda, la primera hubiera jugado un papel importante en su composición (1977, pág. 243). Esta hipótesis, tan plausible y atractiva, lo resulta aún más si se tiene a Alfonso X, y no a Sancho IV, por autor de la obra. En efecto, lo que pudo haber pasado es que, ya comenzada la *General estoria* y cuando estaba teniendo los problemas políticos que a veces se reflejan en ésta, en la que, según Rico, suspira por una empresa externa que acabe con las disensiones internas, el Rey Sabio resucitase la idea de una cruzada hispano-francesa, con participación inglesa, al Norte de Africa, que había concebido en su juventud (1984, pág. 103). El hecho de que en el prólogo de la *Conquista* Alfonso X diga que ha oído leer esta historia en libros antiguos indica que su interés por las cruzadas era muy anterior, no sólo a la fecha de composición de la *Conquista,* sino también a la fecha de composición de sus otras crónicas, lo que es un dato conocido. Efectivamente, se sabe que Alfonso X heredó la obsesión con la expedición al Norte de Africa de su padre y que se dedicó a fondo a este proyecto durante los años 50 del siglo XIII, intentando sin éxito obtener la cooperación de Francia y de Inglaterra, hasta que, por fin, en 1260, se lanzó solo a la aventura, logrando una efímera victoria en Salé. Tras un paréntesis de varios años, en los que, aunque ocupado con la candidatura imperial, o precisamente a causa de ello, Alfonso X no llegó a renunciar al proyecto, que retomó (una vez fracasada ésta en 1275) en 1280. Aproximadamente un año después del desastre de Algeciras, en el que los cristianos fueron derrotados por los moros, volvió a solicitar sin éxito la cooperación de Francia y de Inglaterra. Su obsesión con el tema se revela más fuerte que nunca en sus testamentos, en los que, sin duda debido a las circunstancias de la sucesión castellana, lo transformó en una cruzada hispano-francesa, aunque la mención de la reina de Inglaterra junto al rey de Francia sugiere que no se había olvidado de aquel país. Sería natural que en este período de su vida hubiese ordenado la composición de la *Conquista,* que, aparte de servir de propaganda, podía ser después incluida en la *General estoria,* lo mismo que, según Rico, iba a serlo la *Estoria de España* (1984, pág. 40). También sería natural que quisiese acabar la *Conquista* con los viajes de San Luis, que fueron, precisamente, expediciones al Norte de Africa, la empresa que en sus años mozos él había prometido continuar y que constituía el enlace entre la reconquista del Sur de Andalucía y la conquista de Palestina. La *Conquista,* pues, puede haber sido un proyecto militar de juventud convertido en proyecto literario de la vejez por una serie de circunstancias adversas. Lo mismo que la vida le impidió llevar a cabo este proyecto militar, la muerte le impediría llevar a cabo el proyecto literario al monarca, cuyo hijo lo continuaría.

Cabe preguntarse quién fue o quiénes fueron los eruditos que realizaron el proyecto. Stresau opina que, por las discordancias presentes en la obra, ésta debió de haber tenido más de un componedor (1977, pág. 235). Amador de los Ríos confiesa que no tiene por ajenos a la confección de la obra a los maestres Johan de Cremona y Johan de Chipre, asalariados de la casa real durante el reinado de Sancho IV (1863, pág. 25). Esta intuición es sugestiva, puesto que, según Evelyn S. Procter, en los años 60 y 70 del siglo XIII varios eruditos del Norte de Italia, atraídos por la candidatura imperial de Alfonso X, se pusieron a su servicio como notarios y escribanos, participando en la composición de varias de sus obras. Procter observa que estos italianos trabajaban en la cancillería imperial, organismo independiente de la cancillería real cuyas tareas legales no debían ser excesivas, por lo que les dejarían bastante tiempo para dedicarse a tareas literarias. Estos italianos redactaron escritos legales y literarios en francés, latín y castellano. Por ejemplo, Bonaventura de Siena escribió el *Livre de leschiele Mahomet* (versión francesa de la *Escala de Mahoma* alfonsí) y algunos documentos para las negociaciones entre Alfonso X y Luis IX a propósito del matrimonio de Fernando y Blanca. Egidio Tebaldi de Parma escribió una versión latina del *Quadripartitum* y algunos documentos para las negociaciones entre Alfonso X y Felipe III a propósito de los hijos de Fernando y Blanca. Otros italianos que, según Procter, trabajaron para Alfonso X en esta época son Rufino de Parma, Pietro de Regio, Johan de Messina y Johan de Cremona. Procter señala que, cuando Alfonso X renunció a la candidatura imperial, algunos de estos italianos continuaron a su servicio, existiendo constancia de la presencia de Egidio Tebaldi de Parma, Pietro de Regio y Johan de Cremona en Castilla en los años 80 del siglo XIII, y apunta que a la muerte de Alfonso X algunos de estos italianos pasaron al servicio de su hijo, habiendo prueba de la presencia de Johan de Cremona en Castilla en los años 90 del siglo XIII (1951, págs. 127-30). Resulta, pues, que Johan de Cremona no sólo fue asalariado de la casa real del Rey Bravo, sino también del Rey Sabio, que fuen quien le contrató, por lo que tuvo ocasión de supervisar el traspaso del proyecto de un reinado a otro. Por las fechas y las circunstancias de su estancia en Castilla parece, pues, que estos italianos pudieron muy bien haber sido los realizadores de la *Conquista*. Al fin y al cabo, su principal ocupación fue llevar a cabo el intercambio cultural y político entre Castilla y Francia. Además, tenía razones personales para sentir bastante interés por el tema, ya que las ciudades del Norte de Italia codiciaban vivamente el Norte de Africa y participaron activamente en las expediciones de San Luis, apoyando precisamente la candidatura imperial de Alfonso X en espera de ayuda naval en Marruecos. Por todo esto, resultan ser los candidatos más lógicos a la realización de la *Conquista*, proyecto en el que el Rey Sabio pudo haberles empleado cuando, fracasadas sus ambiciones imperiales y apremiado por amenazas externas y conflictos internos, resucitó su idea de juventud, o, como dice Antonio Ballesteros-Beretta, su sueño lírico, de una gran cruzada hispano-francesa, con participación inglesa, que derrotase a los infieles en el Sur de Andalucía, en el Norte de Africa y en Palestina (1963, págs. 540 y 1006).

En lo que se refiere a la autoría de la *Conquista,* desde luego, no hay un candidato más perfecto que este monarca que sinceramente se veía a sí mismo como un gran líder caballeresco europeo y que verdaderamente ansiaba dirigir a los cristianos en la lucha contra los moros en todos los frentes. De hecho, no podía esperarse otra cosa del Rey Sabio, cuyas aventuras y desventuras con frecuencia se reflejan en sus crónicas, como ha demostrado Rico (1984, págs. 97-120). En la *Conquista,* hay varios rasgos particulares que remiten a él. Por ejemplo, en la versión castellana el Caballero del Cisne promulga leyes y redacta cartas, lo que no hace en la versión francesa (Engelmann, 1974, págs. 82 y 115). No es difícil relacionar estos cambios con las actividades legislativas y literarias de Alfonso X. Lo que más remite a él, sin embargo, es el plan general de la obra, la cual resalta el carácter caballeresco de las cruzadas mediante la inclusión de diversos materiales folklóricos que encarnan los valores de la época del feudalismo. La época de la burguesía, no obstante, estaba al llegar. De hecho, en muchos aspectos ya había llegado. En efecto, Alfonso X fue el primero de una serie de reyes débiles acosados por varias generaciones de nobles fuertes que, para justificar sus ambiciones, se apropiaron de los valores del héroe caballero pobre que consigue lo que no tiene. Por eso, el ideal del héroe príncipe heredero que merece lo que tiene, enunciado por Alfonso X en la *Conquista* y en sus otras crónicas cuando ya empezaba a perder vigencia, no tuvo tiempo a influir más que en el *Amadís* primitivo, sumergiéndose pronto en el olvido, hasta que, dos siglos más tarde, en la época del autoritarismo, emergió triunfalmente con el *Amadís* de Montalvo, doblemente influido por la *Conquista*. La temprana publicación de esta crónica y su influencia en las novelas de caballerías hispánicas del Siglo de Oro constituyeron una gran victoria póstuma de Alfonso X el Sabio. Espero que el presente libro haya contribuido a celebrarla.

APENDICE I

TEXTOS

De *La gran conquista de Ultramar* hay cuatro manuscritos fragmentarios y un impreso completo, así como diez ediciones modernas, tres totales, de las cuales se han publicado dos, y ocho parciales, de las cuales se han publicado cuatro. Existe, además, una versión gallego-portuguesa, de la que se conservan tres manuscritos, uno completo y dos fragmentarios.

* * *

Manuscritos e impreso

1. Manuscrito 1187, Biblioteca Nacional de Madrid. Conocido también como *J*. Se corresponde con las páginas 438-659 de la edición de Gayangos. Según George T. Northup (1934, pág. 287), este manuscrito data del siglo XIV, aunque el texto que reproduce es de finales del siglo XIII. Igualmente, Ramón Menéndez Pidal (1971, pág. 322) piensa que el estilo de su letra es del siglo XIV. En cambio, José Gómez Pérez (1965b, pág. 8) cree que el estilo de sus miniaturas es de finales del siglo XIII. Todos coinciden en afirmar que es el más antiguo y valioso, tanto por la pureza de su texto como por la calidad de su letra. Este códice contiene huecos para miniaturas, pero sólo las dos primeras están hechas. El estilo de la letra se parece al de los *Libros del saber de astronomía* y el estilo de las miniaturas se parece al de las *Cantigas*[1].

---

[1] Sobre las miniaturas de este manuscrito, véanse los libros de Jesús Domínguez Bordona, 1929a, 1929b y 1938. Sobre la letra, véanse los estudios de Agustín Millares Carlo, 1932, y de Antonio Floriano Cumbreño, 1946.

2. Manuscrito 1920, Biblioteca Nacional de Madrid. Este códice contiene una versión del episodio de Carlos Maynete. Coincide con las páginas 159-306 de la edición de Gayangos. Para Menéndez Pidal, este manuscrito es de finales del siglo XIV o principios del siglo XV (1971, pág. 332). Para Gómez Pérez, es de finales del siglo XIV (1965, págs. 8-9).

3. Manuscrito 2454, Biblioteca Nacional de Madrid. Este códice contiene una versión del episodio del Caballero del Cisne. Coincide con las páginas 26-139 de la edición de Gayangos. Para Menéndez Pidal, este manuscrito es del siglo XIV (pág. 332). Para Gómez Pérez es del siglo XV (pág. 8).

4. Manuscrito 1698, Biblioteca Universitaria de Salamanca. Conocido también como *P*. Se corresponde con las páginas 486-659 de la edición de Gayangos. Según Northup, data del siglo XV (1934, pág. 288). Lo mismo opinan Menéndez Pidal (pág. 332) y Gómez Pérez (pág. 8). Este códice contiene una nota que dice que, según Rafael Lapesa, que lo examinó, parece parte de una versión completa a la que también pertenecería el manuscrito 2454. Es posible que sea así, ya que la letra es bastante similar.

5. Impreso de Salamanca: Hans Giesser, 1503. Llamado también *S*. Es la única versión completa de la obra. Gayangos describe la edición príncipe como una obra en «dos tomos en fólio» (1858, pág. v). Cooper dice que es una obra en «dos tomos en cuarto mayor, a dos columnas, con total de 437 folios» y añade que la obra «apenas se distingue de un manuscrito por su formato, tipografía, abreviaturas, puntuación primitiva y arbitraria, empleo caprichoso de mayúsculas, unión o separación irregulares de vocablos, uso arbitrario de grafías distintas para el mismo fonema, según la posición de éste (como es el caso, por ejemplo, de la *s*), falta completa de división en párrafos, por largo que sea el capítulo» (pág. lxvii). Un ejemplar en buen estado de este impreso se encuentra en la Biblioteca Nacional de Madrid con el número R 518-9. El primer tomo contiene un escudo, el prólogo y los Libros I y II. El segundo tomo contiene un escudo, una tabla de capítulos de todos los libros, los Libros III y IV y la cláusula final con la información sobre el editor y el lugar y la fecha de publicación[2].

---

[2] Parece que la única edición antigua existente de la *Conquista* es la edición príncipe. En la Biblioteca Universitaria de Oviedo, con el número R314, se conserva un ejemplar de la *Conquista*, que, según una nota escrita al comienzo, es una edición posterior a la de Salamanca, desconocida de los bibliófilos y cuyo texto no coincide con el de la edición de Gayangos. Cotejado el texto de este ejemplar con el de la edición de Gayangos y con el de la edición príncipe, sin embargo, se descubre que coincide totalmente con el de la edición príncipe y que sólo difiere del de la edición de Gayangos en las partes en las que ésta se aparta de aquélla y sigue el manuscrito 1187. Tanto el título *(Crónica de las cruzadas qual se contiene en este libro con la conquista de Hierusalem)* como el colofón («Fue impressa la presente obra en la muy noble cibdad de Toledo diezisiete dias del mes de marzo byspera del arcangel san gabriel año de nuestra redencion de M.D.VI.») de este ejemplar están escritos a mano, lo que ya resulta sospechoso. Como, además, la numeración de algunos folios está descaradamente falsificada, parece lógico concluir que esta obra no es más que un ejemplar mutilado de la edición príncipe, al que un librero espabilado le puso un título y un colofón de su invención para hacerla pasar por una obra nueva. Se trata básicamente de los libros tercero y cuarto, o sea, del segundo volumen de la obra, incompletos, ya que faltan los últimos cincuenta folios, del clx al ccxx, y algunos folios

APÉNDICE I

Varios estudiosos de la *Conquista* han tratado de establecer las relaciones entre las versiones conservadas, que, como dice Northup, son complejas (1934, pág. 288). Bershas (1946) examina las semejanzas y las diferencias de fondo y de forma que hay entre las versiones *J* (1187), *P* (1698) y *S* (Impreso), llegando (pág. xliv) a la conclusión de que éstas forman la siguiente red de relaciones:

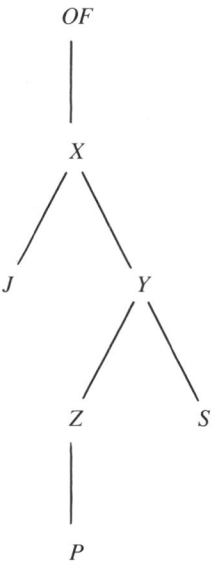

OF sería un original francés no coincidente con ninguna de las versiones conocidas. *X* sería un original español perdido. *Y* sería la fuente indirecta de *P* (1698) y la fuente directa de *S* (Impreso). *Z* sería la fuente directa de *P* (1698). Honsa (1957, pág. xxviii) y Whipple (1973, pág. 26) adoptan el esquema de Bershas sin modificaciones. Ninguno de los tres incluye 2454 en el esquema. Fitch considera 2454 como la fuente directa de *S,* debido a un error que sólo aparece en este manuscrito y en el impreso[3].

Christine R. Stresau señala que ninguno de estos estudiosos tiene en cuenta el manuscrito 1920, mencionado por Menéndez Pidal y descrito por Gómez Pérez (1977, pág. 9). Según Gómez Pérez, este manuscrito presenta «en forma muy breve el relato de los cautivos, ampliado considerablemente

---

anteriores sueltos. Estos folios sueltos que faltan se han reemplazado con folios de otras partes de la obra, a los que se les ha cambiado la numeración a base de escribir y pegar los números deseados. Por ejemplo, en lugar del folio cxxi, que debía de faltar, se incluye el clxxxix, al que se le ha quitado su número y, en su lugar, puesto el otro, es decir se pasa del folio cxx al clxxxix, disfrazado de cxxi, y de éste al cxxii. Una desagradable sorpresa para el inocente lector que, en vez de una obra desconocida, se encuentra con una versión incompleta e incoherente de la *Conquista.*

[3] 1974, pág. 353. Este capítulo de la tesis se publicó como artículo (1973-74).

en el texto publicado» (1965b, pág. 9). Stresau indica que el término «ampliado» sugiere que el autor de S es el responsable de la ampliación, lo que no le parece cierto, ya que, en su opinión, en esta parte, la edición príncipe sigue muy de cerca las fuentes francesas y añade que lo más probable es que 1920 sea una versión abreviada de una fuente común a este manuscrito y a la edición príncipe, siendo o descendiente de 1187 o descendiente de X (pág. 10). Para Stresau, todas las versiones existentes derivan de X, ya que todas son muy parecidas, habiendo sólo pequeñas variaciones de contenido y de expresión entre ellas (pág. 11). Esta investigadora propone modificar el esquema de Bershas de la siguiente manera:

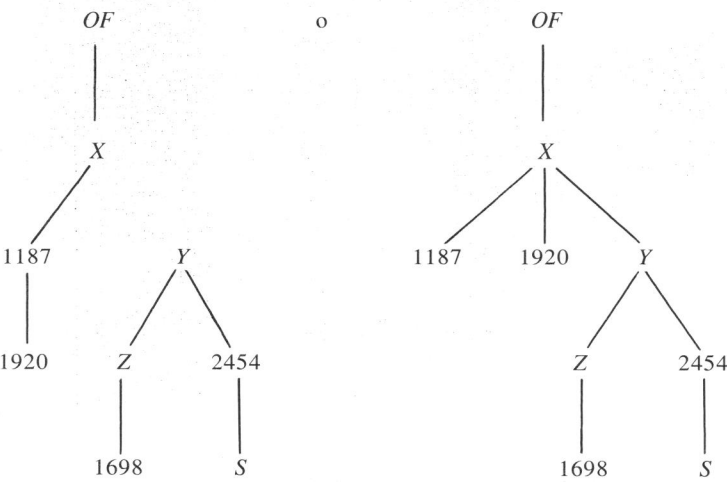

A este respecto, conviene destacar que, de ser ciertas las sospechas de Lapesa, las relaciones entre 1698, 2454 y S serían más estrechas todavía.

Stresau, que tan bien comprende la necesidad de modificar el esquema de Bershas con la inclusión de 2454 y de 1920, no parece darse cuenta, sin embargo, de la necesidad de modificar el esquema de Northup, inexacto a causa de un error respecto al 2454 y a causa de la ausencia del 1920. Efectivamente, Northup coteja 1187, 2454 y 1698 con S, encontrando que, del 55 % del texto de la *Conquista* sólo se conserva una versión, la del impreso de Salamanca, del 19 % del texto hay dos versiones, la del impreso de Salamanca y las de los manuscritos 2454 y 1187, que cubren dos partes diferentes de la obra, y del 26 % del texto hay tres versiones, la del impreso de Salamanca y las de los manuscritos 1187 y 1698, que cubren la misma parte de la obra (1934, pág. 288). Northup, que utiliza la edición de Gayangos para hacer el cómputo, dice que el manuscrito 1187 se corresponde con las páginas 438-659, el manuscrito 2454 se corresponde con las páginas 62-139 y el manuscrito 1698 se corresponde con las páginas 486-659 de

APÉNDICE I

dicha edición, que consta de 659 páginas (págs. 287-88). Ahora bien, el manuscrito 2454 no coincide con las páginas 62-139, sino con las páginas 26-139 de la edición de Gayangos, que comprenden los capítulos I, 47 - II, 7. En los papeles inéditos de Northup se encuentra correcta la división de los capítulos y equivocada la división de las páginas (1965a, pág. 4). Se trata, sin duda, de un error, que, al no haber sido detectado, llevó a Northup a considerar que la parte del texto de la que sólo se conserva una versión, la del impreso de Salamanca, constaba de 61 + 298 = 359 páginas, lo que supondría un 55 % del total, en lugar de 25 + 298 = 323 páginas, lo que supone un 49% del total. A este 49% del total del texto de la *Conquista* del que sólo se conserva una versión, la del impreso de Salamanca, hay que restarle ahora el 22,5% constituido por las 148 páginas de la edición de Gayangos con las que se corresponde el manuscrito 1920, desconocido por Northup, con lo que resulta que sólo un 26,5% del total del texto de la *Conquista* depende única y exclusivamente de la versión del impreso de Salamanca. Con estos cambios, la tabla de distribución de las versiones de la obra ideada por Northup podría rehacerse del siguiente modo:

S	S	S	S	S	S	S
—	2454	—	1920	—	1187	1187
—	—	—	—	—	—	1698
1-25	26-139	140-158	159-306	307-437	438-485	486-659
25	114	19	148	131	48	174

De acuerdo con esta nueva distribución, la parte del texto de la que sólo se conserva una versión, la del impreso de Salamanca, comprende 25 + 19 + 131 = 175 páginas de las 659 páginas de la edición de Gayangos, es decir, aproximadamente un 26,5% del total del texto. El manuscrito 1920 cubre el 22,5% del texto. El manuscrito 2454 supone el 17,3% del texto. El manuscrito 1187 cubre el 7,3% del texto. Y los manuscritos 1187 y 1698 comprenden el 26,4% del texto. Así pues, se puede concluir que, del 26,5% del total del texto de la *Conquista* hay sólo una versión, la del impreso de Salamanca, del 47,1% se conservan dos versiones, la del impreso de Salamanca y las de los manuscritos 2454, 1920 y 1187, que cubren tres partes diferentes de la obra, y del 26,4% se conservan tres versiones, la del impreso de Salamanca y las de los manuscritos 1187 y 1698, que cubren la misma parte de la obra[4].

---

[4] En realidad, el manuscrito 1187 cubre el 33,7%, mientras que el manuscrito 1698 cubre el 26,4%, pero ese 7,3% del texto en que el manuscrito 1187 no se corresponde con el manuscrito 1698 se ha contado aparte.

Según se ve, el manuscrito 1920, que cubre más de una quinta parte del texto, debería ser tenido en cuenta por los futuros editores de la obra[5].

Ediciones modernas

1. Edición de Pascual de Gayangos, Biblioteca de Autores Españoles, 44 (Madrid: Sucesores de Rivadeneyra, 1858). Contiene una introducción, una lista de nombres de personajes importantes y un glosario de palabras anticuadas. Se trata de una edición total, cuyo propósito fue hacer accesible la obra, que no contaba más que con la edición príncipe, la cual, según Gayangos, se había hecho tan rara que eran contadas las bibliotecas que podían envanecerse de poseerla. Gayangos sigue el texto del impreso de Salamanca, complementado por el del manuscrito 1187, en el que se basan las páginas 438-659 de su edición. Mazorriaga y Cooper señalan la falta de rigor de esta edición; Gayangos, a pesar de que dice seguir el texto de la edición príncipe combinado con los de los manuscritos 1187, 2454 y 1698, no utiliza más que el texto de la edición príncipe y el del manuscrito 1187, que transcribe caprichosamente, alternándolos y no combinándolos (págs. ix-x y págs. lxviii-lxxii respectivamente).

2. Edición de Emeterio Mazorriaga (Madrid: Librería General de Victoriano Suárez, 1914). Contiene una tabla de correspondencias entre los capítulos del manuscrito 2454 y los de la edición de Gayangos, y una tabla de materias. Se trata de una edición parcial, cuyo propósito fue hacer accesible la leyenda del Caballero del Cisne, que es la parte más entretenida de la obra. Comprende los capítulos xlvii-cxlii del Libro I. Mazorriaga sigue el texto del manuscrito 2454, que combina con el del impreso de Salamanca. Fitch (1974, págs. xliv-xlv) señala la mezcla de transcripción paleográfica y modernizada de esta edición, así como la ausencia de notas, reservadas para un segundo volumen que no llegó a aparecer. Cooper observa además la abundancia de errores menores y la separación equivocada entre los folios sucesivos (1979, pág. lxviii).

3. Edición de George T. Northup (1965a): texto inédito en The University of Chicago Department of Special Collections. Tiene notas a pie de página en las que se incluyen las variantes. Es una edición total, que su autor comenzó en los años 30 y todavía no había dado por acabada en 1964, cuando murió. Se basa en el texto del impreso de Salamanca y en los de los manuscritos 2454, 1187 y 1698.

4. Edición de Gladys S. Calbick: tesis doctoral inédita de la Universidad de Chicago, 1939. Es la primera de una serie de ediciones parciales de la obra inspiradas por Northup. Va precedida de una breve introducción. Abarca los capítulos CCLXIV-CCC del Libro III. Se basa en el texto del manuscrito 1187 y en el del impreso de Salamanca.

---

[5] Otros investigadores que han hablado de este manuscrito más recientemente son Vosters, 1978, págs. 88-89; Blecua, 1983, pág. 162; y Faulhaber et al., 1984, pág. 99.

5. Edición de Henry N. Bershas: tesis doctoral inédita de la Universidad de Michigan, 1946. Incluye una introducción en la que se estudian las relaciones entre las diversas versiones de la obra. Comprende los capítulos CXCIV-CCLXXXVIII del Libro IV. Utiliza los textos de los manuscritos 1187 y 1698 y el del impreso de Salamanca[6].

6. Edición de Vladimir Honsa: tesis doctoral de la Universidad de Michigan, 1957. Incluye una introducción en la que se hace un análisis gramatical de la lengua de la obra. Abarca los capítulos CXXVI-CXCIII del Libro IV. Utiliza los textos de los manuscritos 1187 y 1698 y el del impreso de Salamanca. Una versión revisada de esta tesis doctoral se ha publicado recientemente (Honsa, 1985)[7].

7. Edición de James R. Whipple: tesis doctoral inédita de la Universidad de Michigan, 1973. Tiene una introducción en la que se comparan las versiones francesas y españolas de la obra. Comprende los capítulos I-LVII del Libro IV. Se basa en los textos de los manuscritos 1187 y 1698 y en el del impreso de Salamanca[8].

8. Edición de C. Bruce Fitch: tesis doctoral inédita de la Universidad de Kentucky, 1974. Va precedida de una larga introducción, en la que se estudian las relaciones entre las diversas versiones de la obra. Abarca los capítulos XLVII-CXLII del Libro I. Se basa en el texto del manuscrito 2454 y en el del impreso de Salamanca[9].

9. Edición de Louis Cooper, Publicaciones del Instituto Caro y Cuervo, 51-54 (Bogotá, 1979). Aparte de un prólogo de Joan Corominas, contiene una introducción, un glosario, una tabla de correspondencias y una tabla de fuentes. Se trata de una edición total, cuyo propósito fue proporcionar una versión accesible y fiable de la obra, que no contaba más que con la edición príncipe y la edición de Gayangos. Cooper sigue el texto del impreso de Salamanca, que corrige mediante su comparación con los textos de algunos de los manuscritos y, sobre todo, con los textos de las fuentes

---

[6] Aparte del texto, esta tesis doctoral consta de las siguientes partes: 1) Bibliografía, 2) Bases para una edición crítica del fragmento elegido, 3) Relaciones entre las fuentes, 4) Fecha de la compilación española, 5) Criterios de la edición, 6) Métodos de transcripción, 7) Prefacio al texto, 8) El texto y sus variantes, 9) Bibliografía.

[7] Las partes que componen esta tesis doctoral, aparte del texto, son: 1) Selección del fragmento, 2) La crónica y su valor histórico, 3) Fuentes, 4) Versiones, 5) Relaciones entre las versiones, 6) Ediciones modernas de la obra, 7) Criterios de la edición, 8) El texto y sus variantes, 9) Análisis gramatical, 10) Glosario, 11) Bibliografía.

[8] Aparte del texto, esta tesis doctoral consta de las siguientes partes: 1) Localización del fragmento, 2) Argumento, 3) La crónica y los historiadores modernos, 4) Fuentes, 5) La fecha y la importancia de la obra, 6) Versiones, 7) Relaciones entre las versiones, 8) Métodos de transcripción, 9) Prefacio al texto, 10) El texto y sus variantes, 11) Comparación de las versiones francesas y españolas, 12) Análisis gramatical, 13) Glosario, 14) Bibliografía.

[9] Las partes que componen esta tesis doctoral, aparte del texto, son: 1) Argumento, 2) Historia de la leyenda, 3) Fuentes, 4) Los manuscritos y la edición príncipe, 5) Autor y fecha, 6) Ediciones, 7) Valor e influencia, 8) Métodos de transcripción, 9) La leyenda como novela, 10) Genealogía de las versiones, 11) Bibliografía.

francesas. Esta edición, sin lugar a dudas la mejor de la obra, es la que se ha utilizado en el presente estudio.

10. Edición de Franklin M. Waltman y Louis Cooper, Spanish Series, 22 (Madison: Hispanic Seminary of Medieval Studies, 1985). En microfichas con una introducción impresa. Contiene concordancias. Se trata de una edición que transcribe todo el manuscrito 1187, que comprende desde el capítulo CCLIV del Libro III hasta el final del la obra. Este texto sigue las normas expuestas en Mackenzie, 1984, y va a usarse en la confección del *Dictionary of the Old Spanish Language*.

11. Edición de Louis Cooper y Franklin M. Waltman, Spanish Series, 41 (Madison: Hispanic Seminary of Medieval Studies, 1989). Como la edición núm. 10 (Waltman y Cooper, 1985), reproduce el texto del manuscrito 1187 de la Biblioteca Nacional. A diferencia de la edición en microfichas, no se destina a su utilización en el *Dictionary of the Old Spanish Language* sino a la lectura, de modo que emplea puntuación y mayúsculas modernas, ortografía ligeramente regularizada, y alguna que otra enmienda. Hay una breve introducción, algunas notas al texto, y un glosario selecto.

12. Edición de María Teresa Echenique (Barcelona: Aceña, 1989). Incluye una breve introducción y una bibliografía selecta. Transcribe completo el manuscrito 2454, que abarca desde el capítulo XLVII del Libro I hasta el capítulo VII del Libro II.

Como se ve, se ha hecho mucho últimamente, según atestigua la publicación de las ediciones parciales de Honsa, de Echenique, y de Waltman y Cooper y, sobre todo, de la edición total de Cooper, que ha facilitado enormemente el estudio de la obra. Sin embargo, todavía queda mucho por hacer, según atestigua el olvido en que se encuentra el manuscrito 1920, extrañamente pasado por alto por todos los editores de la obra. Efectivamente, por un lado, ninguna de las ediciones totales lo tiene en cuenta y, por otro, no hay una edición parcial de él. Es preciso, pues, desempolvar este códice, evaluado por Gómez Pérez de la siguiente manera:

> Su importancia no radica en la iluminación, de que carece, ni en la letra, de finales del siglo XIV, sino en comprender en sus 203 folios a dos columnas una parte del texto (BAE, XLIV, págs. 159-306) no abarcada por los demás manuscritos y en ofrecernos una redacción textual bastante más próxima a la primitiva u original de la obra que la mayoría de los manuscritos. Así, incluye un párrafo que nos indica quién ordenó formar la compilación y otra cláusula sobre las principales fuentes utilizadas por el compilador, ambos pasajes de gran interés para la crítica literaria y omitidos en las ediciones. (1965b, págs. 8-9)

Gómez Pérez transcribe estos pasajes, ambos pertenecientes al folio 204 va. del manuscrito, así:

> E deste principe Remonte contar vos hemos su vida en el libro de la estoria mayor de Ultramar, cayo [*blanco*] que saque este estoria de frances en castellano

APÉNDICE I

> por mandado del rey don Sancho rey de Castiella e de León e ove [de] buscar por su mandato todos [los] libros que pud fallar que fab[lasen] de las conquistas de Ultramar [por co]ncordarlas en uno [desde la prisión] de Antiocha e del cavallero [*blanco y rotura*] segunt cuenta adelante. (1963-64, pág. 14)

> E después desto contaremos en esta estoria de Recharte el Pelegrino e de la conquista de Iherusalem, ca esto non es del libro de la estoria mayor de ultramar nin del libro de Gregorio de las Torres, nin del linaj, nin del libro del Grano Dorado de Az, mas es del libro que fizo fazer el principe Remonte de Antiocha, que es omne bueno, e este libro fizo fazer Recharte el Pelegrino por su mandado. (1963-64, págs. 10-11)

Gómez Pérez describe las características que posee este códice y las condiciones en que se halla del siguiente modo:

> Su letra es del siglo XIV, finales, a dos columnas, 400 × 270 mm, encuadernación en piel estezada con cierres, del siglo XIX. Presenta cambio de mano en los folios 47 y 123; el f. 120 en blanco, sin faltar texto; el f. 122 con 3 columnas en blanco sin faltar texto; el f. 144 con más de dos columnas en blanco y la laguna equivalente a p. 264 b55-265 a37; en f. 145 algunos pequeños espacios en blanco para palabras sueltas; tras el f. 200 falta uno, que produce la laguna correspondiente a p. 303 a42-304 a5. Algunos folios mutilados y toscamente restaurados; foliación romana antigua incompleta en tinta y otra arábiga a lápiz; alguna nota marginal, reclamos; manchas de tinta, de cera y de agua; epígrafes e iniciales rojas o espacios en blanco en su lugar. Filigranas: pájaro semejante a Briquet, núm. 12709 (a. 1334-1390) y a Mosin-Traljic, núm. 6727 (a. XIV-1410); león semejante a Briquet, núm. 10506 (a. 1388) y a Mosin-Traljic, núm. 6139 (a. 1390); llaves semejantes a Briquet, núm. 3837 (a. 1375-1400) y a Mosin-Traljic, núm. 2731 (a. 1394-1395) y otras. (1965a, pág. 131)

Conviene aclarar que el manuscrito, aunque estropeado, es legible, por lo que su edición no debería ser tarea demasiado difícil y sí, en cambio, bastante productiva.

Versión gallego-portuguesa

Si el manuscrito 1920 es ignorado por casi todos los estudiosos de la *Conquista,* la versión gallego-portuguesa de esta obra que aparece en la *Crónica general de 1404* no se menciona en ninguno de los estudios de la *Conquista,* lo que resulta sorprendente, ya que ha sido mencionada por Sánchez Alonso (1947, pág. 310) y descrita por R. Menéndez Pidal (1903).

Menéndez Pidal es el descubridor de esta crónica del siglo XV, que lleva el número 3476 en el catálogo de Vindel y que se conserva en un códice completo y dos códices fragmentarios. Los dos códices fragmentarios son el manuscrito X-i-8 de la Biblioteca del Monasterio de San Lorenzo de El Escorial, traducción castellana posterior que comprende desde el comienzo hasta la mitad del reinado de Alfonso VI, y el manuscrito 322 de la Biblioteca de Menéndez Pelayo, que comprende desde la historia de Fernán González hasta la historia del Cid. El códice completo es el manuscrito de la librería de Pedro Vindel, que ahora se encuentra en la biblioteca de la Hispanic Society of America con el número B2278[10]. Menéndez Pidal presenta este códice de la siguiente manera:

> El códice de Vindel es un tomo escrito en el siglo XV, en papel cuya filigrana, poco clara, parece un hongo, ó más bien un clavo corto, de cabeza ancha y labrada.
> Tiene 363 folios; los folios 72-81, quemados en su punta de arriba, carecen de 16 á 19 centímetros de escritura. Iniciales y epígrafes rojos. El primer folio tiene sólo 11 líneas, y en blanco el hueco para una gran miniatura y una inicial; hay otros blancos, acaso para viñetas. En algunas partes, v. g. fol. 79 v., 80 r. (historia de Bamba), se dejan palabras en blanco por no haberlas podido leer en el original. Tamaño, 380 × 270 milímetros; la escritura ocupa 295 × 200; cada página con 45, 40 ó 33 líneas. Encuadernado en piel de levante azul.
> El lenguaje trata de ser castellano, aunque con bastantes portuguesismos, hasta el folio 58 v.; pero en su última línea se escribe ya decididamente en portugués. Este cambio se hace en el capítulo que empieza: «Andados V.º años del rregnado del rrey Teodorico en las Españas [como regente de Amalarico] que fue enna era de quinientos e lvjº años, quando andaua el año de la encarnaçión en quinientos e XVIIj.º» (1903, pág. 35)

Menéndez Pidal opina que el autor de esta crónica, que empieza con la creación y finaliza con Enrique III y que incluye algunos episodios artúricos, fue un portugués que la comenzó en castellano y la acabó en su lengua:

> En resumen: un portugués, en los años 1403 y 1404, reunió en un volúmen una historia *desde el comienzo hasta Ramiro I,* que probablemente existía con anterioridad, y una compilación portuguesa, seguramente anterior al siglo XV, *desde Ramiro I á San Fernando,* formada con la traducción de dos trozos de crónicas castellanas. Al conjunto de estas dos partes le añadió una interpolación de la *Conquista de Ultramar,* y una continuación de los reyes *sucesores de San Fernando hasta Enrique III*. En estas dos adiciones: en la interpolación y en la continuación, dejó el autor la fecha de su trabajo y la memoria de su estancia en Castilla en 1390. El autor (más bien que amanuense) empezó a escribir en castellano su obra, copiando los textos castellanos que seguía; pero luego se cansó y escribió en portugués. En una copia posterior, Esc. X-i-8, la obra fué reducida toda al lenguaje castellano. (1903, pág. 55)

La interpolación de la *Conquista* tiene lugar en el medio del reinado de Alfonso VI, conectándose explícitamente las cruzadas con la reconquista, como se ve en los párrafos primero y último:

> Mays ora leixa a estoira a contar destas cousas, e começa como o papa santo Vrbaño pregou a cruzada, et a romaria da casa santa de Iherusalem; por que en

---

[10] Vindel, 1903; Zarco Cuevas, 1926; Artigas y Sánchez Reyes, 1957; Faulhaber, 1983.

APÉNDICE I

este mesme año que este rrey don Afoñ andaua o seu regno en XXiij.º años, e a era de Octauiano Agustus Çesar em mill e çento e XXiij.º, e a era de encarnaçom de noso señor Ihesu Cristo en mill e lXXXVº, foy começada a romeria dUltramar. (R. Menéndez Pidal, 1903, pág. 42)

Vosoutros leedores destas estorias, non uos anogedes por la grandeza do volume das cousas que se aconteçeron enno tempo do noble rey don Afon que gaanou Toledo, que foy chamado o das partiçoes; que he verdade que depoys que Mafomat foy alçado rrey en Damasco, segundo que a contado a estoria, nunca os cristiãos ouueron tanta victoria dos mouros, asy en ouriente commo en oçidente quanta ouueron enno tempo deste noble rrey don Afon dEspaña. (pág. 46)

De acuerdo con Menéndez Pidal, los cambios que el autor de la *Crónica* hace en el texto de la *Conquista* son de cuatro tipos:

1. Abreviación: Por ejemplo, el primer capítulo de la *Conquista* se reduce en la *Crónica*.

2. Exclusión: Por ejemplo, la *Crónica* se salta los capítulos 20-37 del Libro III de la *Conquista*.

3. Ampliación: Por ejemplo, la historia del linaje de los turcos que aparece en la *Conquista* no presenta tantos detalles como la de la *Crónica*.

4. Inclusión: Por ejemplo, la confesión del autor de haber visto con sus propios ojos al rey de Armenia que presenta la *Crónica*, no aparece en la *Conquista*.

José Leite de Vasconcellos, tras efectuar un fino análisis del lenguaje de la obra, llega a la conclusión de que ésta no está escrita en portugués, sino en gallego[11]. Las diferencias entre el gallego y el portugués de esta época, sin embargo, son tan pequeñas que parece preferible usar la terminología sugerida por Carolina Michaëlis de Vasconcelos y llamar gallego-portuguesa a esta crónica, cuyo estudio es necesario, ya que, aparte de contener un resumen de la *Conquista,* incluye diversas leyendas artúricas[12]. Es evidente que el estudio de esta crónica arrojaría luz no sólo sobre el alcance de la influencia de la *Conquista* en particular, sino también sobre el proceso de gestación de las crónicas en general, en el que se observa una creciente canibalización de materiales diferentes. La edición de los tres manuscritos de la *Crónica* puede ser una tarea algo difícil, pero también muy productiva[13].

---

[11] Leite de Vasconcellos, 1903, págs. 632-46 y 1297-98; 1903-04, págs. 53 y 121.

[12] Michaëlis de Vasconcelos, 1911-13, págs. 331-39. Otros estudios en los que se habla de esta crónica son: Armistead 1966-67; Catalán, 1962; Deyermond, 1984; Entwistle, 1925; Faulhaber *et al.*, 1984; Cintra, ed., 1951; Lorenzo, ed., 1975; Martínez-López, ed., 1963; R. Menéndez Pidal, 1918 y 1951; Sánchez Alonso, 1954; y Serís, 1964.

[13] Aparte de la versión gallego-portuguesa de la *Conquista,* parece que hay también, por lo menos, una versión castellana. En efecto, Vaquero, 1990, págs. 42-45, dice que el *Memorial de historias,* crónica anónima del siglo XV que se mantiene inédita (Biblioteca Casatenense de Roma, ms. 396), incluye partes de la *Conquista* para conectar la reconquista con las cruzadas. La existencia de esta versión castellana, que no he tenido ocasión de ver, junto con la versión gallego-portuguesa, prueba el gran interés que suscitó la la *Conquista* en el siglo XV, lo que explica su publicación a comienzos del XVI.

De la rápida exposición de los textos de la *Conquista* que acabo de hacer se deduce que sus problemas distan de estar resueltos. Ninguno de los estudiosos de esta obra conoce todos los textos, con la excepción de Menéndez Pidal, cuya mención del manuscrito 1920 y cuya descripción de la versión gallego-portuguesa, quizás por haber aparecido en obras no dedicadas a la *Conquista,* no tuvieron resonancia. Se necesitan, pues, más ediciones. Concretamente, se necesitan transcripciones, no sólo de la versión gallego-portuguesa y del manuscrito 1920, sino también de los otros manuscritos, del tipo de la transcripción del manuscrito 1187 publicada por Cooper y Waltman. Igualmente, sería útil disponer de una transcripción literal del impreso de Salamanca que incluyese todas las variantes de los manuscritos, las cuales a veces son substanciales, en notas a pie de página. La meritoria labor editorial iniciada por Cooper y Waltman debe, pues, continuarse con una labor divulgadora que nos proporcione versiones fieles de todos los textos de la *Conquista.*

APENDICE II

ESTUDIOS

Sobre *La gran conquista de Ultramar* se han publicado varios artículos y capítulos de diverso interés en los últimos tres siglos. Se han escrito, además, algunas tesis doctorales de bastante utilidad en los últimos años.

* * *

Siglo XVIII

Las primeras hipótesis sobre la *Conquista* se enuncian en 1775, año de publicación de las *Memorias para la historia de la poesía, y poetas españoles,* de Fray Martín Sarmiento, quien dice que la *Conquista,* aunque es una de las obras compuestas por orden de Alfonso X, contiene interpolaciones posteriores, como el pasaje del capítulo 170 del libro III de la edición príncipe en el que se alude a la disolución de la orden de los templarios, la cual tuvo lugar bastante después de la muerte del rey. En su *Disertación sobre «el Amadís de Gaula»,* Sarmiento distingue cuatro etapas en la literatura caballeresca española: la primera, representada por el *Pseudo-Turpín,* comprende los siglos XI y XII, la segunda, ejemplificada por la *Conquista,* la tercera, representada por *Amadís,* comprende los siglos XIV y XV, y la cuarta, ejemplificada por el *Quijote*. Sarmiento, pues, es el primero en asociar la *Conquista* con las novelas de caballerías y con el *Quijote*.

También del siglo XVIII son las hipótesis del Marqués de Mondéjar, quien, en sus *Memorias históricas del rei don Alonso el Sabio* (1777), afirma que la *Conquista* fue compuesta por orden de Alfonso X, el cual quería incitar a los cristianos a la lucha contra los moros, a la que a él le era imposible acudir.

Como se ve, los eruditos del siglo XVIII, todavía no maleados por el positivismo, observan el carácter caballeresco y el propósito propagandístico de la *Conquista,* que toman por lo que es, o sea, por una crónica medieval sujeta a cambios. Ni Mondéjar ni Sarmiento se escandalizan del concepto de la historia que esta crónica presenta. Respecto a la autoría, no sabiendo que algunos de los manuscritos hablan de Sancho IV y considerando que la crónica es típica de Alfonso X, la atribuyen al Rey Sabio sin vacilar. Esta posición siguen adoptándola a principios del siglo XIX eruditos como Clemencín y Fernández de Navarrete.

Siglo XIX

A mediados del siglo XIX, Pascual de Gayangos lleva a cabo la primera edición moderna de la obra, lo que provoca la aparición de una serie de estudios cuyo punto de arranque es, precisamente, la introducción de Gayangos a su edición, que es una crítica de las opiniones de Sarmiento y Mondéjar. Según Gayangos, hay razones poderosas para dudar que la obra se escribiese durante el reinado de Alfonso X. En primer lugar, el prólogo de la edición príncipe de la *Conquista* se basa en el de los *Bocados de oro*. En segundo lugar, el colofón del manuscrito más antiguo que se conserva, que es el manuscrito 1187, dice que la traducción la mandó hacer el rey Sancho IV, hijo de Alfonso X, aunque los llama Sancho VI y Alfonso XI por equivocación. En tercer lugar, la referencia a la disolución de la orden de los templarios, que no tuvo lugar en 1412, como por error dice el texto, sino en 1312, veintiocho años después de la muerte de Alfonso X, puede ser original, aunque también puede ser una interpolación tardía. En cuarto lugar, la obra no es traducción de la versión latina, sino de la versión francesa, que no se acabó hasta 1295, once años después de la muerte de Alfonso X. Por último, aunque en la obra se mencionan varios parientes de Alfonso X, no se hacen comentarios especiales sobre ellos, como sería de esperar si la obra la hubiese mandado traducir el Rey Sabio. Gayangos concluye que la obra data, como pronto, del reinado de Fernando IV, entre el año 1295, en que, según Martene, se acabó la versión francesa, y el año 1312, en que tuvo lugar la disolución de la orden de los templarios.

George Ticknor piensa que la *Conquista* fue comenzada en época de Alfonso X, aunque acabada más tarde. Según Ticknor, las razones de Gayangos para atribuir la orden de traducir la obra a Sancho IV no son de peso. A su modo de ver, el principal mérito de la obra es ser una muestra de la prosa española temprana. El Conde de Puymaigre, en cambio, cree que la *Conquista* fue escrita en la fecha propuesta por Gayangos. Según Puymaigre, el episodio de Gudufré de Bullón y la doncella que se le ofrece en agradecimiento por haber recobrado su tierra es un antecedente del episodio de Amadís y Briolanja.

Por su parte, José Amador de los Ríos observa que los títulos atribuidos a Alfonso X en el prólogo de la edición príncipe de la *Conquista* no son los mismos que se le atribuyen, por ejemplo, en las *Cantigas de Santa María,* lo que, en su opinión, demuestra su falsedad, y supone que el editor, deseoso de acreditar la obra, tomó el prólogo de los *Bocados de oro,* al que le añadió la cláusula de atribución a Alfonso X. Amador de los Ríos piensa que lo más destacable de la *Conquista* es el raro maridaje entre los hechos históricos y las leyendas novelescas, que iban adquiriendo cada vez más importancia en las crónicas. Como ejemplos, cita la leyenda de Carlos Maynete, tomada más en serio y relatada en más detalle en la *Conquista* que en las crónicas anteriores, y la leyenda del Caballero del Cisne, que califica de sabrosa y entretenida. Amador de los Ríos cree que la *Conquista* tiene más valor del que se le reconoce.

Francisco de Paula Canalejas (1870) estudia el cambio de los procedimientos narrativos que tuvo lugar en el siglo XIII, en el que, a su modo de ver, se confunden la épica, la crónica y la novela. Canalejas sostiene que la *Conquista* se tradujo al castellano a principios del siglo XIV y constituye la última etapa del proceso de transformación de los procedimientos narrativos, que se acabó en el siglo XIV. Este erudito dice que hay que distinguir entre creaciones como las crónicas de Alfonso X y la *Conquista,* que son fenómenos medievales, y creaciones como *Amadís* y los libros de caballerías, que son renacentistas. Manuel Milá y Fontanals (1874) estudia la leyenda de Carlos Maynete, que, a su entender, reúne cuatro temas o asuntos carolingios: el de Berta, el de Carlos Maynete, el de la falsa acusación de la esposa de Carlos Maynete y el de la conquista de Saxoña. Este crítico afirma que la *Conquista* se tradujo al castellano a principios del siglo XIV, sin más cambios que la introducción de algunas circunstancias locales y de algunos nombres arábigos, y que forma parte de los orígenes de la literatura caballeresca española.

Henri Pigeonneau (1877) hace un breve análisis de las relaciones entre las obras francesas sobre las cruzadas y la *Conquista,* la cual califica de monumento de gran importancia histórica y literaria, en el que se mezclan de la manera más extraña la historia y la ficción. Gaston Paris (1888-93) hace un extenso análisis de las relaciones entre la *Canso d'Antiocha* provenzal y la *Conquista,* en la cual observa una constante amplificación que no se acierta a explicar.

Por último, Gottfried Baist (1897) le atribuye a Sancho IV la orden de composición de la *Conquista,* cuya importancia, en su opinión, radica en ser un paso adelante en el proceso de formación de la novela.

Según se habrá podido observar, Gayangos, con una serie de argumentos pseudo-científicos (aún en los casos en los que no son erróneos, no son válidos, porque ignoran las convenciones del género al que se aplican), comenzó un enfoque de la *Conquista* que, en muchos sentidos, todavía perdura. Si Ticknor, que tenía algo de ilustrado, se resiste a aceptar sus teorías, los demás no sólo las aceptan, sino que las refuerzan, como hace Amador de los Ríos. La condena positivista de la mezcla de historia y ficción afectó particularmente a la cuestión de la autoría de la obra, ya que nadie quería atribuirle al Rey Sabio una crónica tan «burda», la cual parecía más propia de la «incultura» del Rey Bravo.

Siglo XX

A comienzos del siglo XX, Marcelino Menéndez Pelayo (1905) comenta los aspectos novelescos de la *Conquista*, que sitúa en el reinado de Sancho IV. Según él, la leyenda del Caballero del Cisne influyó en la *Crónica de don Rodrigo*, de Pedro del Corral, en la que hay un desafío parecido al que tuvo el Caballero del Cisne con Rayner de Saxoña y en la que hay un ave parecida al cisne en su comportamiento respecto al fuego. Para Menéndez Pelayo, en la leyenda de Carlos Maynete hay muchos nombres árabes y una alusión a la ciencia mágica de las moras de Toledo que parecen añadidos por el traductor. Menéndez Pelayo sostiene que la genealogía es el sistema general de la obra, la cual influyó en *Amadís* y en las otras novelas de caballerías hispánicas.

Paul Groussac (1906) comenta el método y la fecha de composición de la *Conquista*, que, en su opinión, fue escrita por una sola persona sobre 1350. Esto se debe a la impresión de que se había escrito con cuidado y al convencimiento de que la palabra «perro» no había reemplazado a la palabra «can» hasta el segundo tercio del siglo XIV.

En los años 10 y 20 los estudios más destacados sobre la *Conquista* son los de Salcedo Ruiz y Entwistle[1]. Angel Salcedo Ruiz (1915) describe la crónica, que tiene por más literaria que histórica, debido sobre todo a la inclusión del episodio del Caballero del Cisne. William J. Entwistle (1925) menciona la crónica, que considera más ficticia que histórica, a causa principalmente de la incorporación del episodio del Caballero del Cisne.

En los años 30 y 40 aparecen los artículos de Northup y de Duparc-Quioc, entre otros estudios[2]. George T. Northup (1934) estudia los problemas que plantea la *Conquista*, el primero de los cuales es el problema de los textos. Examina los manuscritos 2454 y J-1 (hoy 1187) de la Biblioteca Nacional de Madrid y el manuscrito de la Biblioteca de Palacio (hoy 1698 de la Biblioteca Universitaria de Salamanca) y observa que el manuscrito de la Biblioteca de Palacio y la edición príncipe presentan lecturas similares, en tanto que el manuscrito J-1, que es el más antiguo, es el más fiable, a pesar de que presenta omisiones y errores. En cuanto a la fecha, Northup indica

---

[1] Otros estudios de esta época sobre la *Conquista* son: Bonilla y San Martín, 1913; Thomas, 1920; Hurtado y Jiménez de la Serna y González Palencia, 1921; y Fitzmaurice-Kelly, 1926.

[2] Otros estudios de este período que tocan la *Conquista* son los de Warren, 1929-30; y Menéndez Pidal, 1941.

que la lengua del manuscrito J-1 le parece posterior a la lengua de la época de Alfonso X, pero no demasiado, por lo que posiblemente sea de la época de Sancho IV. Con referencia a las fuentes, Northup nota algunos errores comunes a *Eracles* y a la *Conquista,* confirmando así la relación entre ambas, y se pregunta si la compilación se haría en España o en Francia, ya que, aunque el método de compilación es típico del *scriptorium* de Alfonso X, en Francia podría haberse utilizado un método similar. Por último, Northup esboza una tabla de las fuentes de la obra. Suzanne Duparc-Quioc (1940, 1955) hace un detallado análisis de las relaciones entre la *Chanson de Jérusalem* y la *Conquista,* llegando a la conclusión de que la *Conquista* contiene, no sólo pasajes traducidos de la *Canso d'Antiocha* provenzal, como dice Paris, sino también pasajes traducidos de la antigua *Chanson de Jérusalem,* antes de su arreglo por Graindor de Douai, quien, en su opinión, le quitó exactitud histórica al poema.

En los años 50 y 60 los estudios más destacados sobre la *Conquista* son los de Rey y Gómez Pérez[3]. Agapito Rey, en un artículo (1949-50) sobre las leyendas del ciclo carolingio en la *Conquista,* explica que los redactores de la obra entrelazan numerosas leyendas con el relato principal, lo mismo que hacen los autores de otras compilaciones españolas del siglo XIII, y subraya que en la *Conquista* las leyendas se introducen con el objeto de aclarar la genealogía de algún cruzado distinguido. Analiza también otros temas carolingios menores, sugiriendo que el uso de las leyendas y de los temas carolingios sirve para enlazar y dar sentido a los diversos materiales de la obra. En otro estudio (1952), Rey critica los argumentos de Groussac sobre el autor y la fecha de la *Conquista* y afirma que la palabra «perro» no aparece en el siglo XIV como dice Groussac, sino en el siglo XIII, concretamente en la *Estoria de España.* Rey opina que la *Conquista* debió de escribirse a finales del siglo XIII y de interpolarse más de una vez hasta alcanzar su forma final a mediados del siglo XIV. Como prueba, aduce dos cartas de 1313 y 1314 respectivamente, de Jaime II de Aragón a su hija pidiéndole una copia de una obra que, por la descripción que se hace de ella, parece la *Conquista.*

José Gómez Pérez, en un artículo (1963-64) sobre las leyendas del ciclo carolingio en general, describe el texto del manuscrito 1920 de la *Conquista* y comenta que éste contiene una frase referente a la leyenda de Flores y Blancaflor que no aparece en el texto de la edición príncipe y, además, presenta los nombres propios tradicionales de la leyenda de Carlos Maynete y no los que aparecen en el texto de la edición príncipe. Supone que el cambio de los nombres sucedería bastante antes de la fecha de publicación de la edición príncipe, ya que el mismo cambio aparece en el texto del manuscrito 7583 de la *Estoria de España,* copiado en el siglo XV, y sostiene que la *Conquista* se compuso en el reinado de Sancho IV, ya que el

---

[3] Otros estudios de esta época sobre la *Conquista* son: Navarro González, 1962; Bohigas Balaguer, 1949; y Alborg, 1969.

manuscrito 1920 encierra un testimonio del compilador, que declara haber hecho la obra por orden de este rey. En un segundo estudio (1965a), Gómez Pérez compara la versión de la leyenda de Carlos Maynete que aparece en el manuscrito 1920 de la *Conquista* con la que aparece en el manuscrito 7583 de *Estoria de España,* anotando las diferencias que existen entre las dos versiones y defendiendo la hipótesis de que tanto la leyenda de Carlos Maynete como la leyenda de Flores y Blancaflor son cantares de gesta prosificados. En un tercer estudio (1965b), describe los textos de la edición príncipe y de los cuatro manuscritos de la *Conquista.*

En los años 70 y 80 aparecen el capítulo de Durán, los artículos de Keller y Gumbrecht, las tesis doctorales de Engelmann y Stresau y el capítulo de Vosters, entre otros estudios[4].

Armando Durán dedica ocho páginas de su libro (1973) a las primeras manifestaciones de la literatura caballeresca en España, que considera que son la *Conquista* y *Zifar.* Tras aclarar que las leyendas interpoladas en la *Conquista* no pueden desligarse de su contexto, Durán coteja las leyendas del Caballero del Cisne y de Carlos Maynete, encontrando tres elementos constitutivos comunes a ambas: 1) Matrimonio de los protagonistas, 2) Felicidad conyugal alterada por una mediación, 3) Restablecimiento de la justicia. Según Durán, estas leyendas tienen una cosa en común y es que en las dos la mediación es externa, frente a lo que sucede en las novelas de Chrétien de Troyes, en las cuales la mediación (la oposición lealtad amorosa/deber caballeresco) es interna, definiendo la mediación externa no sólo a las leyendas interpoladas en la *Conquista,* sino también a todas las novelas de caballerías hispánicas. Por último Durán compara la trama de las leyendas interpoladas en la *Conquista* con la trama de *Zifar* y encuentra que en la *Conquista* la mediación (el odio de una suegra, la envidia de un pariente) es externa-personal, mientras que en *Zifar* la mediación (la leona que se lleva a Garfin, las calles donde se pierde Roboán) es externa-impersonal.

John E. Keller (1973) estudia el realismo de la leyenda del Caballero del Cisne, que, a su modo de ver, es considerablemente mayor que el de la fuente francesa. Según Keller, este realismo constituye el toque castellano que convierte a la leyenda en una de las obras maestras de la prosa anterior a Cervantes.

Hans U. Gumbrecht (1974) estudia el realismo de la *Conquista,* que, a su entender, es notablemente mayor al de las fuentes francesas. Para Gumbrecht, este realismo constituye un claro ejemplo del proceso de recepción creativa castellana en el siglo XIII.

Jari T. Engelmann (1974) compara la leyenda del Caballero del Cisne con su fuente francesa, señalando los cambios con detalle. Según ella, la

---

[4] Otros estudios recientes donde se hace alusión a la *Conquista* son: Díez Borque, ed., 1974; Deyermond, 1973, 1975, 1976 y 1980; von Richthofen, 1954, 1970, 1972 y 1981; Garrosa Resina, 1987; Walsh, 1977; Gómez Redondo, 1981; Goldberg, 1979, 1980 y 1983; Rubio García, 1985b; y Webber, 1983.

versión castellana, en la que los hermanos son todos varones, constituye el final del proceso de transformación de esta obra de folklórica en épica. Christine R. Stresau (1977) coteja la *Conquista* con sus fuentes francesas, apuntando las diferencias con cuidado. Para Stresau, la versión castellana, en la que se mezclan la crónica de *Eracles* y los poemas épicos del ciclo de las cruzadas, constituye el final del proceso de transformación de esta obra de histórica en novelesca.

Simon A. Vosters dedica 111 páginas de su libro (1978) a la *Conquista*. Vosters, que opina que la *Conquista* no pretende ser una historia sino un espejo de caballerías ejemplificado con acontecimientos históricos, estudia las diversas versiones de la leyenda del Caballero del Cisne, que fue condenada por los teólogos de la época por bestialidad (amores entre hombres y animales) y por brujería (transformaciones de hombres en animales), suponiendo que esta leyenda, que considera de origen celta, se unió, primero, a la historia de Lotaringia y de Nimaie y, después, a la historia de Gudufré de Bullón. Vosters recuerda que éste descendía de Carlos Maynete por vía paterna y materna y apunta que la leyenda de Carlos Maynete floreció en la segunda mitad del siglo XII, cuando se escribieron las aventuras de aquél. Según él, en la *Conquista* Gudufré y Baldovín se presentan como típicos hijos de los Países Bajos, siendo el primero un caballero perfecto, merecedor de su puesto entre los nueve de la fama, y el segundo un caballero imperfecto, cuya lujuria y avaricia, prudencia y piedad, le aproximan al tipo de peregrino de las cruzadas posteriores. Vosters defiende la existencia de una conexión flamenca entre la *Conquista* y *Amadís,* y entre *Amadís* y *Don Quijote*.

Como se ve, la mayoría de los críticos del siglo XX son positivistas. Sin embargo, algunos se dan cuenta de que esta obra presenta un concepto de la historia diferente al suyo. Este es el caso, por ejemplo, de Vosters, que habla de un espejo de caballerías, y de Durán, que habla de la inseparabilidad de los diversos episodios de la *Conquista*. Respecto a la autoría se dan casos curiosos y hay críticos que manifiestan que la obra fue comenzada por Alfonso X, continuada por Sancho IV y acabada posteriormente, aunque no aclaran en qué basan la atribución al Rey Sabio, con lo cual no se sabe si es que desconocen la mayoría de los estudios de la obra o si es que sencillamente hacen caso omiso de ellos[5].

* * *

Del breve repaso de los estudios de la *Conquista* que acabo de hacer se infiere que sus problemas distan de estar resueltos. El conocimiento de esta

---

[5] Entre los que atribuyen la obra al Rey Sabio se encuentran Salcedo Ruiz, Entwistle, Gumbrecht y Vosters. Salcedo Ruiz (1915) piensa que el manuscrito 1698 de la *Conquista* alude al Rey Sabio, y Gumbrecht (1974) cree la carta de Jaime II a su hija respecto a la *Conquista* se refiere a Alfonso X. Entwistle (1925) y Vosters (1978) no dan razones. Es posible que estos críticos hayan decidido hacerle más caso a Ticknor que a Gayangos. Otros críticos que le atribuyen la obra al Rey Sabio sin dar explicaciones son Mérimée, 1948, y Montoliu, 1930.

obra ha sido impedido o retrasado por unos prejuicios de los que urge deshacerse. Se necesitan nuevos estudios prácticamente en todos los campos, ya que incluso los más tradicionales podrían enriquecerse con un nuevo enfoque. La investigación de las fuentes y de las influencias no da el mismo resultado si se piensa que su autor fue Alfonso X que si se cree que fue Sancho IV. En cuanto a la estructura y estilo, también queda mucho por hacer. La modesta labor de limpieza iniciada en este libro debe, pues, continuarse con una labor de restauración que devuelva plenamente la *Conquista* a la Edad Media y, a la vez, la incorpore al siglo XX.

OBRAS CITADAS Y CONSULTADAS

Académie des Inscriptions et Belles Lettres, ed. *Recueil des historiens des croisades: historiens occidentaux,* 2 tomos, Paris: Imprimerie Impériale, 1844-59.
Alborg, Juan Luis. *Historia de la literatura española,* I. 2.ª ed., Madrid: Gredos, 1969, reimpr. 1972.
Amador de los Ríos, José. *Historia crítica de la literatura española,* IV. Madrid: el autor, impr. José Fernández Cancela, 1863.
Amezcua, José. *Metamorfosis del caballero: sus transformaciones en los libros de caballerías españoles.* Cuadernos Universitarios, 14. México: Universidad Autónoma Metropolitana, Iztapalapa, 1984.
Andressohn, John C. *The Ancestry and Life of Godfrey of Bouillon.* Indiana University Publications, Social Science Series, 5. Bloomington: Indiana University Press, 1947.
Anspach, August E., ed. Isidoro de Sevilla, *Institutionum disciplinae. Rheinisches Museum für Philologie,* 68 (1912), 556-68.
Armistead, Samuel G. «New Perspectives in Alphonsine Historiography.» *Romance Philology,* 20 (1966-67), 204-17.
Artigas, Miguel, y Enrique Sánchez Reyes. *Catálogos de la Biblioteca de Menéndez Pelayo,* I. Santander: Cuerpo Facultativo de Archiveros, Bibliotecarios y Arqueólogos y Sociedad de Menéndez Pelayo, 1957.
Asensio, Eugenio. *Poética y realidad en el cancionero peninsular de la Edad Media.* 2.ª ed. ampl. Madrid: Gredos, 1970.
Atiya, Aziz S. *Crusade, Commerce and Culture.* Bloomington: Indiana University Press, 1962.
Auerbach, Erich. *Mimesis: The Representation of Reality in Western Literature,* trad. Willard R. Trask. Princeton: Princeton University Press, 1953, reimpr. 1974.

Avalle-Arce, Juan Bautista. «The Primitive Version of *Amadís de Gaula*», en *The Late Middle Ages,* ed. Peter Cocozzella. Acta, 8. Binghamton: Center for Medieval and Early Renaissance Studies, 1984, 1-22.

——, *«Amadis de Gaula»: El primitivo y el de Montalvo.* México: Fondo de Cultura Económica, 1990.

Bagby, Albert I., Jr. «The Moslem in the *Cantigas* of Alfonso X, el Sabio». *Kentucky Romance Quarterly,* 20 (1973), 173-207.

Baist, Gottfried. «Die spanische Litteratur», en *Grudiss der romanischen Philologie,* ed. Gustav Gröber, II. 2. Strassburg: Karl J. Truber, 1897. 383-466.

Ballesteros Beretta, Antonio. *Alfonso X el Sabio,* ed. José Manuel Pérez-Prendes. Barcelona: Salvat; Madrid: CSIC; Murcia: Academia Alfonso X el Sabio, 1963.

——, «La toma de Salé en tiempos de Alfonso X el Sabio.» *Al-Andalus,* 8 (1943), 89-128.

——, y Pío Ballesteros Beretta. «Alfonso X de Castilla y la corona de Alemania.» *Revista de Archivos, Bibliotecas y Museos,* 34 (1916); 1-23 y 187-219; 35 (1916), 223-42; 39 (1918), 142-62; y 40 (1919), 467-90.

Barthes, Roland. *S/Z.* New York: Hill and Wang, 1974.

Bédier, Joseph. *Les Légendes épiques: recherches sur la formation des chansons de geste,* 4 tomos. 3.ª ed. Paris: Edouard Champion, 1926-29.

Beer, Gillian. *The Romance.* The Critical Idiom, 10. London: Methuen, 1970.

Beer, Jeanette M. A. *Narrative Conventions of Truth in the Middle Ages.* Genève: Droz, 1981.

Bender, Karl H. «Des chansons de geste à la première épopée de croisade: la présence de l'histoire contemporaine dans la littérature française de 12ème siècle.» *Actes du VIe Congrès International de la Société Rencesvals.* Aix-en-Provence: Université de Provence, 1974, 485-692.

Benson, Larry D., y John Leyerle, eds. *Chivalric Literature: Essays on Relations Between Literature and Life in the Later Middle Ages.* Medieval Institute Publications, 14. Kalamazoo: Western Michigan University, 1980.

Bernadou, Pierre. *Alphonse le Savant.* Genève: Suzerenne, 1949.

Bernheimer, Richard. *Wild Men in The Middle Ages: A Study in Art, Sentiment, and Demonology.* Cambridge, Massachusetts: Harvard University Press, 1952; reimpr. New York: Octagon Books, 1970.

Bershas, Henry N. «A Critical Edition of *La gran conquista de Ultramar,* Book IV, Chapters 194-288.» Tesis doctoral inédita, University of Michigan, 1946.

Berthoff, Warner. «Fiction, History, Myth: Notes toward the Discrimination of Narrative Forms.» *Harvard English Studies,* I (1970), 263-87.

Blanco Aguinaga, Carlos, Julio Rodríguez Puértolas e Iris M. Zavala. *Historia social de la literatura española,* 3 tomos. Madrid: Castalia, 1978.

Blecua, Alberto. *Manual de crítica textual.* Madrid: Castalia, 1983.

Bloch, Marc. *La sociedad feudal.* México: Uteha, 1958.

Bohigas Balaguer, Pedro. «Orígenes de los libros de caballerías». *Historia general de las literaturas hispánicas,* ed. Guillermo Díaz-Plaja, I. Barcelona: Barna, 1949, 521-41.

Bonilla y San Martín, Adolfo. *Las leyendas de Wagner en la literatura española.* Madrid: Asociación Wagneriana de Madrid, 1913.

Booth, Wayne. *The Rhetoric of Fiction.* Chicago: University of Chicago Press, 1961.

Bowra, C. Maurice. *Heroic Poetry.* London: Macmillan, 1952.

Braga, Marqués, ed. João de Barros, *Crónica do Imperador Clarimundo,* 3 tomos. Lisboa: Sá de Costa, 1953.

Brandt, William J. *The Shape of Medieval History: Studies on Modes of Perception.* New Haven: Yale University Press, 1966; reimpr. New York: Schocken Books, 1973.

Breisach, Ernst. *Historiography: Ancient, Medieval and Modern.* Chicago: University of Chicago Press, 1983.

Brownlee, Kevin, y Marina Scordilis Brownlee, eds. *Romance: Generic Transformation from Chrétien de Troyes to Cervantes.* Hanover, New Hampshire: University Press of New England, 1985.

Brundage, James A. *Medieval Canon Law and the Crusades.* Madison: University of Wisconsin Press, 1969.

Brunet, Charles, y Anatole de Montaiglon, eds. *Le Roman de Dolopathos.* Paris: P. Jannet, 1856.

Brundy, Murray W. *The Theory of Imagination in Classical and Medieval Thought.* University of Illinois Studies in Language and Literature, 12. Urbana: University of Illinois Press, 1927.

Burckhardt, Jacob. *Force and Freedom: An Interpretation of History,* trad. James H. Nichols. New York: Meridian Books, 1955.

Burke, James F. «Alfonso X and the Structuring of Spanish History.» *Revista Canadiense de Estudios Hispánicos,* 9 (1984-85), 464-71.

Burke, Kenneth. *A Grammar of Motives.* Berkeley: University of California Press, 1969.

Burns, Robert I., ed. *The Worlds of Alfonso the Learned and James the Conqueror: Intellect and Force in the Middle Ages.* Princeton: Princeton University Press, 1986.

Burshatin, Israel. «The Moor in the Text: Metaphor, Emblem, and Silence», *Critical Inquiry,* 12 (1985), 98-118.

Cacho Blecua, Juan Manuel. «*Amadís*»: *heroísmo mítico cortesano.* Madrid: Cupsa, 1979.

Calbick, Gladys S. «A Critical Text of *La gran conquista de Ultramar,* Chapters CCLXIV-CCC.» Tesis doctoral inédita, University of Chicago, 1939.

Canalejas, Francisco de Paula. *Los poemas caballerescos y los libros de caballerías.* Madrid: V. Sáiz, 1870.

Cárdenas, Anthony J. «The Literary Prologue of Alfonso X: A Nexus Between Chancery and Scriptorium.» *Thought,* 60 (1985), 430-38.

Castro, Américo. *Semblanzas y estudios españoles.* Madrid: Insula, 1956.

Catalán, Diego. *De Alfonso X al Conde de Barcelos: cuatro estudios sobre el nacimiento de la historiografía romance en España y Portugal.* Madrid: Seminario Menéndez Pidal y Gredos, 1962.

——, «El taller historiográfico alfonsí: métodos y problemas en el trabajo compilatorio.» *Romania,* 84 (1963), 354-75.

——, «Poesía y novela en la historiografía castellana de los siglos XIII y XIV.» *Mélanges offerts à Rita Lejeune, professeur à l'Université de Liège.* Gembloux: J. Duculot, 1969, I, 423-41.

——, «Los modos de producción y 'reproducción' del texto literario y la noción de apertura.» *Homenaje a Julio Caro Baroja.* Madrid: Centro de Investigaciones Sociológicas, 1978, 245-70.

Certeau, Michel de. *Heterologies: «Discourse on the Other».* Minneapolis: University of Minnesota Press, 1986.

Cintra, Geraldo Ulhoa, ed., Francisco de Morais, *Crónica de Palmeirim de Inglaterra,* 3 tomos. São Paulo: Anchieta, 1946.

Cintra, Luis Felipe Lindley, ed. *Crónica geral de Espanha de 1344,* I, Lisboa: Academia Portuguesa da História, 1951.

Clemencín, Diego. *Biblioteca de libros de caballerías: Año 1805.* Ed. Juan Sedó. Publicaciones Cervantinas, 3. Barcelona, 1942.

——, ed. *El ingenioso hidalgo don Quijote de la Mancha.* 1833-39; reimpr. Valencia: Alfredo Ortells, 1986.

Collingwood, Robin G. *The Idea of History.* Oxford: Clarendon, 1946.

Comfort, William W. «The Literary Rôle of the Saracens in the French Epic.» *Publications of the Modern Language Association of America,* 55 (1940), 628-59.

Cook, Robert F. *«Chanson d'Antioche», chanson de geste: le cycle de la croisade est-il épique?* Purdue University Monographs in Romance Languages, 2. Amsterdam: John Benjamins, 1980.

Cooper, Louis, ed. *La gran conquista de Ultramar,* 4 tomos. Publicaciones del Instituto Caro y Cuervo, 51-54. Bogotá, 1979.

——, y Franklin M. Waltman, eds. *«La gran conquista de Ultramar»: Biblioteca Nacional MS 1187,* Spanish Series, 41. Madison: Hispanic Seminary of Medieval Studies, 1989.

Crombach, Mechthild, ed. *Bocados de oro.* Romanische Versuche und Vorarbeiten, 37. Bonn: Romanisches Seminar der Universität Bonn, 1971.

Cummins, J. S. «Christopher Columbus: Crusader, Visionary, and *Servus Dei»,* en *Medieval Hispanic Studies Presented to Rita Hamilton,* ed. A. D. Deyermond. London: Tamesis, 1976, 45-55.

Curtius, Ernst R. *Literatura europea y Edad Media latina,* trad. y rev. Antonio Alatorre y Margit Frenk Alatorre, 2 tomos. México: Fondo de Cultura Económica, 1955, reimpr. 1976.

Curto Herrero, Federico Francisco. *Estructura de los libros españoles de caballerías en el siglo XVI.* Madrid: Fundación Juan March, 1976.

Chalon, Louis. «Comment travaillaient les compilateurs de la *Primera crónica general de España.*» *Le Moyen Âge,* 82 (1976), 289-300.

Chatman, Seymour. *Story and Discourse: Narrative Structure in Fiction and Film*. Ithaca: Cornell University Press, 1978.

Danto, Arthur C. *Analytical Philosophy of History*. Cambridge: Cambridge University Press, 1965.

Daumet, Georges. *Mémoire sur les relations de la France et de la Castille de 1255 à 1320*. Paris: Fontemoing, 1914.

Davis, Ralph H. C., y John M. Wallace-Hadrill, eds. *The Writing of History in the Middle Ages*. Oxford: Clarendon, 1981.

De Ley, Margo Ynés Corona. «The Prologue in Castilian Literature between 1200 and 1400.» Tesis doctoral inédita, University of Illinois, 1976.

Deyermond, Alan D. «La Edad Media.» *Historia de la literatura española*, I *La Edad Media* (1971, en inglés). Barcelona: Ariel, 1973.

——, «The Lost Genre of Medieval Spanish Literature.» *Hispanic Review*, 43 (1975), 231-59.

——, «*La historia de la linda Melosina*: Two Spanish Versions of a French Romance.» *Medieval Hispanic Studies Presented to Rita Hamilton*, ed. Deyermond. London: Tamesis, 1976, 57-65.

——, *La Edad Media. Historia y crítica de la literatura española*, ed. Francisco Rico, I. Barcelona: Crítica, 1980.

——, «Problems of Language, Audience and Arthurian Source in a Fifteenth-Century Castilian Sermon.» *Josep Maria Solà-Solé: homage, homenaje, homenatge: miscelánea de estudios de amigos y discípulos*, ed. Antonio Torres-Alcalá. Barcelona: Puvill, 1984. I, 43-54.

——, «The Death and Rebirth of Visigothic Spain in the *Estoria de España*.» *Revista Canadiense de Estudios Hispánicos*, 9 (1984-85), 345-67.

Díaz y Díaz, Manuel C., Manuel A. Marcos Casquero y José Oroz Reta, eds. y trads. Isidoro de Sevilla, *Etimologías*, I. Biblioteca de Autores Cristianos. 433. Madrid: Editorial Católica, 1982.

Díez Borque, José María, ed. *Historia de la literatura española*, I. Madrid: Guadiana, 1974.

Domínguez Bordona, Jesús. *Exposición de códices miniados españoles: catálogo*. Madrid: Sociedad Española de Amigos del Arte, 1929.

——, *Spanish Illumination*, 2 tomos. 1929; reimpr. New York: Hacker Art Books, 1969.

——, *Manuscritos con pinturas*, 2 tomos. Madrid: Blass, 1938.

Dray, William H. *Philosophical Analysis and History*. New York: Harper & Row, 1966.

Duby, Charles. *El caballero, la mujer y el cura: el matrimonio en la Francia feudal*. Madrid: Taurus, 1987.

——, *The Chivalrous Society*. Berkeley: University of California Press, 1977.

Dufourcq, Charles-Emmanuel. «Un project castillan du XIIIe siècle: la croisade d'Afrique.» *Revue d'Histoire et de Civilisation du Maghreb*, 2 (1966), 26-51.

Dundes, Alan. *The Morphology of North American Indian Folktales*. Folklore

Fellows Communications, 195. Helsinki: Suomalainen Tiedeakatemia, 1964.

——, *Interpreting Folklore*. Bloomington: Indiana University Press, 1980.

Duparc-Quioc, Suzanne. «*La Chanson de Jérusalem* et *La gran conquista de Ultramar.*» *Romania,* 56 (1940-41), 32-48.

——, *Le Cycle de la croisade.* (Thèse de Doctorat, 1943). Paris: Champion, 1955.

Durán, Armando. *Estructura y técnicas de la novela sentimental y caballeresca.* Madrid: Gredos, 1973.

Echenique, María Teresa, ed. *La leyenda del Caballero del Cisne.* Barcelona: Aceña, 1989.

Ehrenkreutz, Andrew W. *Saladin.* Albany: State University of New York Press, 1972.

Eisenberg, Daniel. *Romances of Chivalry in the Spanish Golden Age.* Newark, Delaware: Juan de la Cuesta Hispanic Monographs, 1982.

——, «Alfonsine Prose: Ten Years of Research.» *La Corónica,* 11 (1982-83), 220-30.

——, *A Study of «Don Quixote».* Newark, Delaware: Juan de la Cuesta Hispanic Monographs, 1987.

Elliott, John H. *La España imperial.* Barcelona: Vicens Vives, 1965.

Engelmann, Jari T. «The Old Spanish *Isonberta* and the Old French *Beatris* Versions of the Swan Knight Legend.» Tesis doctoral inédita, University of Illinois, 1974.

Entwistle, William J. *The Arthurian Legend in the Literatures of the Spanish Peninsula.* New York: E. P. Dutton, 1925.

Faulhaber, Charles B. *Medieval Manuscripts in the Library of the Hispanic Society of America.* New York: The Hispanic Society of America, 1983.

——, et al. *Bibliography of Old Spanish Texts.* 3.ª ed. Madison: Hispanic Seminary of Medieval Studies, 1984.

Fernández Alvarez, Manuel. *La sociedad española del Siglo de Oro.* Madrid: Editora Nacional, 1983.

Fernández de Navarrete, Martín. *Españoles en las cruzadas.* 1816; reimpr. Madrid: Polifemo, 1986.

Fitch, C. Bruce. «A Clue to the Genealogy of the *Gran conquista de Ultramar.*» *Romance Notes,* 15 (1973-74), 578-80.

——, «*El Cavallero del Cisne:* A Critical Edition.» Tesis doctoral inédita, University of Kentucky, 1974.

Fitzmaurice-Kelly, James. *A New History of Spanish Literature.* London: Oxford University Press, 1926.

Fletcher, Angus, ed. *The Literature of Fact.* New York: Columbia University Press, 1976.

Floriano Cumbreño, Antonio. *Curso general de paleografía y paleografía y diplomática españolas.* Oviedo: Universidad de Oviedo, 1942. 2 vols.

Fogelquist, James D. *El «Amadís» y el género de la historia fingida.* Madrid: José Porrúa Turanzas, 1982.

Foucault, Michel. *The Archeology of Knowledge.* New York: Harper Colophon Books, 1976.
Fraker, Charles F. «Alfonso X, the Empire and the *Primera crónica.*» *Bulletin of Hispanic Studies,* 60 (1978), 95-102.
Frappier, Jean. «Réflexions sur les rapports des chansons de geste et de l'histoire.» *Zeitschrift für Romanische Philologie,* 73 (1957), 1-19.
Frye, Northrop. *Anatomy of Criticism: Four Essays.* Princeton, New Jersey: Princeton University Press, 1957, reimpr. 1973.
———, *The Secular Scripture: A Study of the Structure of Romance.* Cambridge, Massachusetts: Harvard University Press, 1976.
Gaibrois de Ballesteros, Mercedes. *Sancho IV de Castilla,* 3 tomos. Madrid: Tipografía de la *Revista de Archivos, Bibliotecas y Museos* y Talleres Voluntad, 1922-1928.
Gallie, William B. *Philosophy and the Historical Understanding.* New York: Schocken Books, 1968.
García Gual, Carlos. *Primeras novelas europeas.* Madrid: Istmo, 1974.
García Martínez, Antonio, ed. Jofre de Loaysa, *Crónicas de los reyes de Castilla Fernando III, Alfonso X, Sancho IV y Fernando IV (1248-1305).* Murcia: Biblioteca Murciana de Bolsillo, 1982.
Garrosa Resina, Antonio. *Magia y superstición en la literatura castellana medieval.* Valladolid: Universidad de Valladolid, 1987.
Gay, Peter. *Style in History.* New York: Basic Books, 1974.
Gayangos, Pascual de, ed. *La gran conquista de Ultramar.* Biblioteca de Autores Españoles, 44. Madrid: Rivadeneyra, 1858.
———, ed. Garci Rodríguez de Montalvo, *Las sergas de Esplandián. Libros de caballerías.* Bibliotecas de Autores Españoles, 40. Madrid: Rivadeneyra, 1857, 403-561.
Genette, Gérard. *Narrative Discourse: An Essay in Method.* Ithaca: Cornell University Press, 1980.
Giménez Soler, Andrés. *Don Juan Manuel: biografía y estudio crítico.* Zaragoza: Academia Española, 1932.
Gingras, Gerald L. «Virtue and Vice: Historical Explanation in Alfonso X's *Primera crónica general.*» *Thought,* 60 (1985), 430-38.
Golberg, Harriet. «The Several Faces of Ugliness in Medieval Castilian Literature.» *La Corónica,* 7 (1979-80), 80-92.
———, «The Literary Portrait of the Child in Castilian Medieval Literature.» *Kentucky Romance Quarterly,* 27 (1980), 11-27.
———, «The Dream Report as a Literary Device in Medieval Hispanic Literature.» *Hispania,* 66 (1983), 21-32.
Gómez Pérez, José. «Elaboración de la *Primera crónica general de España* y su transmisión manuscrita.» *Scriptorium,* 17 (1963), 233-75.
———, «Leyendas medievales españolas del ciclo carolingio.» *Anuario de Filología,* 2-3 (1963-64), 7-136.
———, «Leyendas carolingias en España.» *Anuario de Filología,* 4 (1965), 121-48.

——, «Leyendas del ciclo carolingio en España.» *Revista de Literatura,* 28 (1965), 5-18.
Gómez Redondo, Fernando. «El prólogo de *Cifar:* realidad, ficción y poética.» *Revista de Filología Española,* 61 (1981), 85-112.
González, Cristina, ed. *Libro del Caballero Zifar.* Letras Hispánicas, 191. Madrid: Cátedra, 1983.
——, *«El Cavallero Zifar» y el reino lejano.* Madrid: Gredos, 1984.
——, «Alfonso X el Sabio y *La gran conquista de Ultramar.»* *Hispanic Review,* 54 (1986), 67-82.
——, «Carlos Maynete como héroe salvador.» *Medieval Perspectives,* 1:1 (1986), 159-66.
——, *«Otas* a la luz del folklore.» *Romance Quarterly,* 35 (1988), 179-91.
——, «Tres mujeres desamparadas: Dido, Beatriz y Nobleza.» *Thesaurus,* 43 (1988), 105-11.
——, «Un cuento caballeresco de don Juan Manuel: el ejemplo XXV de *El Conde Lucanor.»* *Nueva Revista de Filología Hispánica,* 37 (1989), 109-18.
——, «The Texts of *La gran conquista de Ultramar.»* *Studies in Honor of Merle E. Simmons,* ed. Heitor Martins and Darlene J. Sadlier. Hispanic Literary Studies. Bloomington: Indiana University Press, 1990.
Gransden, Antonia. *Historical Writing in England c. 550 to c. 1307.* Ithaca: Cornell University Press, 1974.
Grassotti, Hilda. *Las instituciones feudo-vasalláticas en León y Castilla,* 2 tomos, Spoleto: Centro Italiano di Studi sull'Alto Medioevo, 1969.
Greimas, Algirdas J. *Semántica estructural.* Madrid: Gredos, 1973.
Groussac, Paul. «Le livre des *Castigos e Documentos* attribué au roi D. Sancho IV.» *Revue Hispanique,* 15 (1906), 212-339.
Guénée, Bernard. «Histories, annales, chroniques.» *Annales: Economies, Sociétés, Civilisations,* 28 (1972), 997-1016.
Gumbrecht, Hans U. «Literary Translation and its Social Conditioning in the Middle Ages: Four Spanish Romance Texts of the 13th Century.» *Yale French Studies,* 51 (1974), 203-22.
Hanning, Robert. *The Vision of History in Early Britain from Gildas to Geoffrey of Monmouth.* New York: Columbia University Press, 1966.
Hauser, Arnold. *Historia social de la literatura y el arte,* 3 tomos, 4.ª ed. Madrid: Guadarrama, 1971.
Hernadi, Paul. «Clio's Cousins: Historiography as Translation, Fiction, and Criticism.» *New Literary History,* 7 (1976), 247-57.
Hippeau, Celestin, ed. *«La Conquête de Jerusalem» faisant suite à «La Chanson d'Antioche» composée par Richard le Pèlerin et renouvelée par Graindor de Douai.* Collection des Poètes Français du Moyen Age, 7, 1868; reimpr. Geneva: Slatkine Reprints, 1969.
——, ed. *La Chanson du Chevalier au Cygne et de Godefroi de Bouillon.* Collection des Poètes Français du Moyen Age, 8-9, 1874-77; reimpr. Geneva: Slatkine Reprints, 1969.

Holmes, Urban T., ed. *Berte aus grans pies.* University of North Carolina Studies in Romance Languages and Literatures, 23. Chapel Hill: University of North Carolina Press, 1946.

Honsa, Vladimir. «*La gran conquista de Ultramar,* Book IV, Chapters 126-193, Critical Edition, Grammatical Analysis, and Glossary.» Tesis doctoral, University of Michigan, 1957.

——, ed. *An Old Spanish Reader: Episodes from «La gran conquista de Ultramar», with Introduction, English Summary of the Chronicle, and Etymological Vocabulary.* New York: Peter Lang, 1985.

Horrent, Jacques. «L'histoire légendaire de Charlemagne en Espagne.» *Actes du VIIe Congrès International de la Société Rencesvals.* Paris: Société d'Edition «Les Belles Lettres», 1978. I, 125-56.

Huici Miranda, Ambrosio. «La toma de Salé por la escuadra de Alfonso X: nuevos datos.» *Hesperia,* 39 (1952), 4-47.

Huizinga, Johan. *El otoño de la Edad Media.* 1929; reimpr. Madrid: Revista de Occidente, 1973.

Hunt, Tony. «The Rhetorical Background of the Arthurian Prologue: Tradition and the Old French Vernacular Prologues.» *Forum for Modern Language Studies,* 6 (1970), 1-23.

——, «The Structure of Medieval Narrative.» *Journal of European Studies,* 3 (1973), 295-328.

Hurtado y Jiménez de la Serna, Juan, y Angel González Palencia. *Historia de la literatura española.* Madrid: Revista de Archivos, Bibliotecas y Museos, 1921.

Impey, Olga T. «*Del duello de los godos de Espanna:* la retórica del llanto y su motivación.» *Romance Quarterly,* 33 (1986), 295-307.

Jauss, Hans R. *Toward an Aesthetic of Reception,* trad. Timothy Bahti. Minneapolis: University of Minnesota Press, 1982. Versión muy ampliada de *Literaturgeschichte als Provokation,* 1970.

Kasten, Lloyd. «The Utilization of the *Historia regum Britanniae* by Alfonso X.» *Hispanic Review,* 38, núm. 5 (nov. 1970: *Studies in Memory of Ramón Menéndez Pidal),* 97-114.

Keen, Maurice. *Chivalry.* New Haven: Yale University Press, 1984.

Keller, John Esten. «Some Observations on Realism in the *Gran conquista de Ultramar:* Episode of *El Caballero del Cisne.*» *Ariel,* 2 (1973), 17-20.

——, *Alfonso X, el Sabio.* Twayne's World Authors Series, 12. New York: Twayne, 1967.

Kermode, Frank. *The Sense of an Ending: Studies in the Theory of Fiction.* London: Oxford University Press, 1968.

——, *The Genesis of Secrecy: On the Interpretation of Narrative.* Cambridge, Massachusetts: Harvard University Press, 1979, reimpr. 1982.

Kinkade, Richard P. «Sancho IV: puente literario entre Alfonso el Sabio y Juan Manuel.» *Publications of the Modern Language Association of America,* 87 (1972), 1039-51.

Kristeva, Julia. «La productividad llamada texto.» *Lo verosímil.* 2.ª ed. Buenos Aires: Tiempo Contemporáneo, 1972, 63-93.

LaCapra, Dominick. *History & Criticism.* Ithaca: Cornell University Press, 1985.

Lacarra, María Eugenia. «Some Questions on the Function of Castilian Epic.» *La Corónica,* 11 (1982-83), 258-64.

Lázaro Carreter, Fernando. «Sobre el *modus interpretandi* alfonsí.» *Iberida,* 6 (1961), 97-114.

Le Goff, Jacques. *Time, Work, and Culture in the Middle Ages.* Chicago: University of Chicago Press, 1980.

Leonard, Irving A. *Books of the Brave.* Cambridge, Massachusetts: Harvard University Press, 1949.

Lévi-Strauss, Claude. *Antropología estructural.* Buenos Aires: Eudeba, 1968; reimpr. 1973.

Lida de Malkiel, María Rosa. «La *General estoria:* notas literarias y filológicas.» *Romance Philology,* 12 (1958-59), 111-42.

——, *Estudios de literatura española y comparada.* Buenos Aires: Eudeba, 1966.

Loomis, Roger Sherman, ed. *Arthurian Literature in the Middle Ages: A Collaborative History.* Oxford: Clarendon Press, 1959.

Lorenzo, Ramón, ed. *La traducción gallega de la «Crónica general» y de la «Crónica de Castilla»,* I. Orense: Instituto de Estudios Orensanos «Padre Feijoo», 1975.

Lüthi, Max. *Once Upon a Time: On the Nature of Fairy Tales.* Bloomington: Indiana University Press, 1976.

——, *The Fairytale as Art Form and Portrait of Man.* Bloomington: Indiana University Press, 1984.

Lyons, Malcolm C., y David E. P. Jackson. *Saladin: The Poetics of the Holy War.* Cambridge: Cambridge University Press, 1982.

Llull, Ramón. *Libro de la orden de caballería.* Barcelona: Alianza Editorial/Enciclopedia Catalana, 1986.

Mackenzie, David. *A Manual of Manuscript Transcription for the «Dictionary of the Old Spanish Language».* 3.ª ed. Madison: Hispanic Seminary of Medieval Studies, 1984.

Mannheim, Karl. *Ideology and Utopia: An Introduction to the Sociology of Knowledge.* New York: Harcourt, Brace, 1946.

Marías, Julián. *España inteligible: razón histórica de las Españas.* Madrid: Alianza, 1985.

Martin, Alfred von. *Sociología del Renacimiento.* (1946), 4.ª ed. México: Fondo de Cultura Económica, 1968.

Martínez Ferrando, J. Ernesto. *Jaime II de Aragón: su vida familiar,* II. Barcelona: Consejo Superior de Investigaciones Científicas, 1948.

Martínez-López, Ramón, ed. *«General estoria»: versión gallega del siglo XIV, ms. O.I.1. del Escorial.* Oviedo: Publicaciones de *Archivum,* 1963.

Mayer, Hans E. *The Crusades.* London: Oxford University Press, 1972.

Mazorriaga, Emeterio, ed. *La leyenda del Cavallero del Cisne*. Madrid: Victoriano Suárez, 1914.

Menéndez Pelayo, Marcelino. *Orígenes de la novela*, I. Nueva Biblioteca de Autores Españoles, 1. Madrid: Bailly-Baillière, 1905; reimpr. 1925.

Menéndez Pidal, Gonzalo. «Cómo trabajaban las escuelas alfonsíes.» *Nueva Revista de Filología Hispánica*, V (1951), 363-80.

Menéndez Pidal, Ramón. «La *Crónica general* de 1404.» Revista de Archivos, Bibliotecas y Museos, 9 (1903), 34-55.

——, *Crónicas generales de España*. 3.ª ed. Madrid: Blass, 1918.

——, *Poesía árabe y poesía europea*. Colección Austral, 190. Madrid: Espasa-Calpe, 1941; reimpr. 1955.

——, ed. *Reliquias de la poesía épica española*. Madrid: Instituto de Estudios Hispánicos y CSIC, 1951. 2.ª ed., ed. Diego Catalán. Madrid: Gredos, 1980.

——, ed. *«Primera Crónica General de España» que mandó componer Alfonso el Sabio y se continuaba bajo Sancho IV en 1289*. 2.ª ed., 2 tomos. Madrid: Gredos, 1955.

——, *Crestomatía del español medieval*, I. Madrid: Seminario Menéndez Pidal y Gredos, 1971.

——, «De Alfonso a los dos Juanes: auge y culminación del didactismo (1252-1370).» *Studia hispanica in honorem R. Lapesa*, I. Madrid: Gredos y Cátedra-Seminario Menéndez Pidal, 1972, 63-83.

Meredith-Jones, Cyril, ed. *«Historia Karoli Magni et Rotholandi» ou «Chronique du Pseudo-Turpin»*. Paris: Droz, 1936.

Mérimée, Ernesto. *Compendio de historia de la literatura española*, (1908, en francés), 2.ª ed. México: Botas, 1948.

Meyer, Paul. «Fragment d'une *Chanson d'Antioche* provençal.» *Archives de l'Orient Latin*, 2 (1884), 467-509.

Michaëlis de Vasconcelos, Carolina. *Lições de filologia portuguesa*. 1911-13; reimpr. Lisboa: Edições da Revista de Portugal, 1956.

Michelet, Jules. *Histoire de la Révolution française*, 5 tomos. Paris: Imprimerie Nationale, 1889.

Milá y Fontanals, Manuel. *De la poesía heroico-popular castellana* (1874). 2.ª ed., ed. Martín de Riquer y Joaquín Molas. Barcelona: Consejo Superior de Investigaciones Científicas, 1959.

Millares Carlo, Agustín. *Tratado de paleografía*, 2 tomos. 2.ª ed. Madrid: Librería y Casa Editorial Hernando, 1932.

Miller, J. Hillis. «Narrative and History.» *English Literary History*, 41 (1974), 455-73.

Miquel i Planas, Ramón, ed. *Curial e Güelfa*. Barcelona: Biblioteca Catalana, 1932.

Mondéjar, Marqués de. *Memorias históricas del rei don Alonso el Sabio*. Madrid: Joachín Ibarra, 1777.

Montoliu, Manuel de. *Literatura castellana*. Barcelona: Cervantes, 1930.

Moore, Arthur K. «Medieval English Literature and the Question of Unity.» *Modern Philology,* 65 (1967-68), 285-300.

Moorman, Charles. *A Knight There Was: The Evolution of the Knight in Literature.* Lexington: University Press of Kentucky, 1967.

Morgan, David O., ed. *Medieval Historical Writing in the Christian and Islamic Worlds.* London: School of Oriental and African Studies, 1982.

Morreale, Margherita. «Apuntes para la historia de la traducción en la Edad Media.» *Revista de Literatura,* 15 (1959), 3-10.

Muscatine, Charles. «Locus of Action in Medieval Narrative.» *Romance Philology,* 17 (1963-64), 115-22.

Navarro González, Alberto. *El mar en la literatura medieval castellana.* La Laguna: Universidad de La Laguna, 1962.

Nelson, William. *Fact or Fiction: The Dilemma of the Renaissance Storyteller.* Cambridge, Massachusetts: Harvard University Press, 1973.

Newhall, Richard A. *The Crusades,* rev. ed. New York: Holt, Rinehart and Winston, 1963.

Nichols, Stephen G., Jr. «Fission and Fusion: Mediations of Power in Medieval History and Literature.» *Yale French Studies,* 70 (1986), 21-42.

——, *Romanesque Signs: Early Medieval Narrative and Iconography.* New Haven: Yale University Press, 1983.

Northup, George T. «*La gran conquista de Ultramar* and its Problems.» *Hispanic Review,* 2 (1934), 287-302.

——, *Guide to «La gran conquista de Ultramar» Materials.* Chicago: The University of Chicago Library, Department of Special Collections, 1965.

——, ed. *La gran conquista de Ultramar.* Chicago: The University of Chicago Library, Department of Special Collections, 1965.

Paris, Gaston. *Histoire poétique de Charlemagne.* Paris: Librairie Franck, 1865.

——, «*Mainet,* fragments d'une chanson de geste du XIIe siècle.» *Romania,* 4 (1875), 305-37.

——, «*La Chanson d'Antioche provençale* et *La gran conquista de Ultramar.*» *Romania,* 17 (1888), 513-41, 19 (1890), 562-91 y 22 (1893), 345-63.

——, «La légende de Saladin.» *Journal des Savants* (1893), 284-99, 354-65, 428-38 y 486-98.

Paris, Paulin, ed. *La «Chanson d'Antioche» composée au commencement du XIIe siècle par le pèlerin Richard renouvelée sous le règne de Philippe Auguste par Graindor de Douay.* Romans des Douze Pairs de France, 11, 1832-48; Geneva: Slatkine Reprints, 1969.

Partner, Nancy F. «Making Up Lost Time: Writing on the Writing of History.» *Speculum,* 61 (1986), 90-117.

——, *Serious Entertainments: The Writing of History in Twelfth-Century England.* Chicago: University of Chicago Press, 1977.

Patrides, Constantinos A. *The Grand Design of God: The Literary Form of the Christian View of History.* London: Routledge & Kegan Paul, 1972.

Pattison, David G. *From Legend to Chronicle: The Treatment of Epic Material in Alphonsine Historiography*. Medium Aevum Monographs, 13. Oxford: Society for the Study of Medieval Languages and Literature, 1983.

Peña, Margarita, ed. Alfonso el Sabio: *Antología*. México: Porrúa, 1973.

Pérez de Guzmán, Juan. «La biblioteca de consulta de D. Alfonso el Sabio.» *La Ilustración Española y Americana,* 9 (1905), 131.

Pescador del Hoyo, María del Carmen. «Tres nuevos poemas medievales.» *Nueva Revista de Filología Hispánica,* 14 (1960), 242-50.

Peters, Edward. *The First Crusade: «The Chronicle of Fulcher of Chartres» and Other Source Materials*. Philadelphia: University of Pennsylvania Press, 1971.

Pigeonneau, Henri. *Le Cycle de la croisade et de la famille de Bouillon*. Saint Cloud: el autor, impr. Ve Eugène Belin, 1877.

Place, Edwin B., ed. Garci Rodríguez de Montalvo, *Amadís de Gaula,* 4 tomos. Madrid: Consejo Superior de Investigaciones Científicas, 1959-69.

Porqueras Mayo, Alberto. *El prólogo como género literario: su estudio en el Siglo de Oro español*. Madrid: Consejo Superior de Investigaciones Científicas, 1957.

Procter, Evelyn S. *Alfonso X of Castile, Patron of Literature and Learning*. Oxford: Clarendon Press, 1951.

Propp, Vladimir. *Las raíces históricas del cuento*. Madrid: Fundamentos, 1974.

——, *Morfología del cuento*. 2.ª ed. Madrid: Fundamentos, 1974.

——, *Edipo a la luz del folklore*. Madrid: Fundamentos, 1980.

Puymaigre, Conde de. *Les Vieux Auteurs castillans: histoire de l'ancienne littérature espagnole* (1861), 2.ª ed. Paris: Albert Savine, 1890. II.

Ramsey, Lee C. *Chivalric Romances: Popular Literature in Medieval England*. Bloomington: Indiana University Press, 1983.

Ranke, Leopold von. *The Theory and Practice of History,* trad. George G. Iggers y Konrad von Moltke. Indianapolis: Bobbs-Merrill, 1973.

Rey, Agapito. «Las leyendas del ciclo carolingio en la *Gran conquista de Ultramar*.» *Romance Philology,* 3 (1949-50), 172-81.

——, ed. *Castigos e documentos para bien vivir ordenados por el rey don Sancho IV*. Indiana University Publications, Humanities Series, 24. Bloomington: Indiana University, 1952.

Rico, Francisco. *Alfonso el Sabio y la «General estoria»*. 2.ª ed. Barcelona: Ariel, 1984.

Richthofen, Erich von. *Estudios épicos medievales*. Madrid: Gredos, 1954.

——, *Nuevos estudios épicos medievales*. Madrid: Gredos, 1970.

——, *Tradicionalismo épico-novelesco*. Barcelona: Planeta, 1972.

——, *Sincretismo literario: algunos ejemplos medievales y renacentistas*. Madrid: Alhambra, 1981.

Riquer, Martín de, ed. Joanot Martorell y Marti Joan de Galba, *Tirant lo Blanc*. Barcelona: Selecta, 1947.

——, *Los cantares de gesta franceses: sus problemas, su relación con España*. Madrid: Gredos, 1952.

——, *Caballeros andantes españoles*. Madrid: Austral, 1967.

Rodríguez Prampolini, Ida. *Amadises de América: la hazaña de Indias como empresa caballesca*. México: Junta Mexicana de Investigaciones Históricas, 1948.

Rosell, Cayetano, ed. *Crónicas de los reyes de Castilla desde don Alfonso el Sabio hasta los Católicos don Fernando y doña Isabel*, I. Biblioteca de Autores Españoles, 66. Madrid: Rivadeneyra, 1875.

Rubio García, Luis. «En torno a la biblioteca de Alfonso X el Sabio.» *La lengua y la literatura en tiempos de Alfonso X*, ed. Fernando Carmona y Francisco J. Flores. Murcia: Universidad de Murcia, 1985, 531-51.

——, «Dos obras atribuidas a Alfonso el Sabio.» *Estudios románicos dedicados al Prof. Andrés Soria Ortega en el XXV aniversario de la Cátedra de Literaturas Románicas*. Granada: Universidad de Granada, 1985. I, 505-13.

Runciman, Steven. *A History of the Crusades*, 3 tomos. Cambridge: Cambridge University Press, 1951.

Ryding, William W. *Structure in Medieval Narrative*. The Hague: Mouton, 1971.

Salcedo Ruiz, Angel. *La literatura española: resumen de historia crítica*, I. Madrid: Calleja, 1915.

Sánchez Alonso, Benito. *Fuentes de la historia española e hispanoamericana: ensayo de bibliografía sistemática de impresos y manuscritos que ilustran la historia política de España y sus antiguas provincias de ultramar* (1919). 3.ª ed. Madrid: Consejo Superior de Investigaciones Científicas, 1954. I.

——, *Historia de la historiografía española*, I. 2.ª ed. Madrid: Consejo Superior de Investigaciones Científicas, 1947.

Sancho de Sopranis, Hipólito. «La incorporación de Cádiz a la corona de Castilla bajo Alfonso X.» *Hispania: Revista Española de Historia*, 9 (1949), 355-86.

Sarmiento, Fray Martín. *Memorias para la historia de la poesía y poetas españoles. Obras posthumas del R.mo P.M. Fr. Martín Sarmiento benedictino*, I. Madrid: Joachín Ibarra, 1775.

——, *Noticia de la verdadera patria (Alcalá) de él* [sic], *Miguel de Cervantes* [escrita en 1761], ed. Isidro Bonsoms. Barcelona: Alvaro Verdaguer, 1898.

Schlauch, Margaret. *Chaucer's Constance and Accused Queens*. New York: New York University Press, 1927.

Schoen, Wilhelm Freiherr Von. *Alfonso X de Castilla*. Madrid: Rialp, 1966.

Scholes, Robert. «Les modes de la fiction.» *Poétique*, 32 (1977), 507-14.

Schott, Andreas, ed. Lucas de Tuy. *Chronicon Mundi. Hispaniae Illustratae*, IV (Frankfurt, 1608).

——, ed. Rodrigo Ximénez de Rada, *De rebus Hispaniae. Hispaniae Illustratae,* II (Frankfurt, 1603).
Serís, Homero. *Nuevo ensayo de una biblioteca española de libros raros y curiosos,* 2 tomos. New York: The Hispanic Society of America, 1964-69.
Setton, Kenneth M., ed. *A History of the Crusades,* 4 tomos. Philadelphia: University of Pennsylvania Press, 1955-77.
Sholod, Barton. «Fray Martin Sarmiento, *Amadís de Gaula* and the Spanish Chivalric Genre». *Studies in Honor of Mario A. Pei.* University of North Carolina Studies in the Romance Languages and Literatures, 114. Chapel Hill: University of North Carolina Press, 1972.
Smalley, Beryl. *Historians in the Middle Ages.* London: Thames and Hudson, 1974.
Socarrás, Cayetano J. *Alfonso X of Castile: A Study on Imperialistic Frustration.* Barcelona: Hispam, 1976.
Solalinde, Antonio G[arcía]. «Intervención de Alfonso X en la redacción de sus obras.» *Revista de Filología Española,* 2 (1915), 283-88.
——, ed. Alfonso el Sabio, *General estoria,* I. Madrid: Centro de Estudios Históricos, 1930.
——, Lloyd A. Kasten y Victor R. B. Oelschläger, eds. *General estoria,* II, 2 tomos. Madrid: CSIC, 1957-61.
Southern, Richard W. «Aspects of the European Tradition of Historical Writing.» *Transactions of the Royal Historical Society,* 5.ª serie, 20 (1970), 173-96; 21 (1971), 159-79; 22 (1972), 159-80; y 23 (1973), 243-63.
Stéfano, Luciana de. *La sociedad estamental de la Baja Edad Media española a la luz de la literatura de la época.* Caracas: Instituto de Filología «Andrés Bello», 1966.
Steiger, Arnald. «Alfonso X el Sabio y la idea imperial.» *Arbor,* 6 (1946), 389-402.
Stevens, John. *Medieval Romance: Themes and Approaches.* London: Hutchinson, 1973.
Stresau, Christine R. «*La gran conquista de Ultramar:* Its Sources and Composition.» Tesis doctoral inédita, University of North Carolina, 1977.
Taylor, Albert B. *An Introduction to Medieval Romance.* London: Heath Cranton, 1930.
Thomas, Henry. *Las novelas de caballerías españolas y portuguesas* (1920, en inglés). Madrid: Consejo Superior de Investigaciones Científicas, 1952.
Thompson, James Westfall. *A Historical Writing,* 2 tomos. New York: Macmillan, 1960.
Thompson, Stith. *The Folktale.* New York: Dryden Press, 1946.
——, *Motif-Index of Folk-Literature,* 2.ª ed., 6 tomos. Bloomington: Indiana University Press, 1955-58.

Ticknor, George. *History of Spanish Literature* (1849). I. 5.ª ed. Boston: Houghton, Mifflin, 1882.
Tocqueville, Alexis de. *L'Ancien Régime et la Révolution, Oeuvres Complètes,* IV. Paris: Calmann-Levy, 1924.
Todd, Henry A., ed. *La Naissance du Chevalier au Cygne, ou les enfants changés en cygnes.* Baltimore: Modern Language Association of America, 1889.
Todorov, Tzvetan. *The Poetics of Prose.* Ithaca: Cornell University Press, 1977.
——, *The Conquest of America.* New York: Harper Colophon Books, 1984.
Valdeón, Julio. *Los conflictos sociales en el reino de Castilla en los siglos XIV y XV.* Madrid: Siglo XXI, 1975.
Vaquero, Mercedes. *Tradiciones orales en la historiografía de fines de la Edad Media.* Spanish Series, 55. Madison: Hispanic Seminary of Medieval Studies, 1990.
Varela, Consuelo, ed. Cristóbal Colón, *Textos y documentos completos.* Madrid: Alianza, 1982.
Vasconcellos, José Leite de. *Opúsculos,* IV: 2. 1903; reimpr. Coimbra: Impresa da Universidade, 1929.
——, ed. *Textos arcaicos.* 1903-04; reimpr. Lisboa: Livraria Clássica, 1970.
Vinaver, Eugène. *The Rise of Romance.* Oxford: Clarendon Press, 1971.
Vindel, Pedro. *Catálogo ilustrado de la librería de P. Vindel,* III. Madrid: Librería de Pedro Vindel, 1903.
Vitz, Evelyn B. «Desire and Causality in Medieval Narrative.» *Romanic Review,* 81 (1980), 213-43.
Voltaire, François Marie Arouet de. *Diccionario filosófico.* Madrid: Bergua, 1966.
Vosters, Simon A. *Los Países Bajos en la literatura española,* I. Valencia: Albatros, 1978.
Walsh, John K. «The Chivalric Dragon: Hagiographic Parallels in Early Spanish Romances.» *Bulletin of Hispanic Studies,* 54 (1977), 189-98.
Walsh, William H. *Introduction to the Philosophy of History.* New York: Harper Torchbooks, 1958.
Waltman, Franklin M., y Louis Cooper, eds. *The Text and Concordances of Biblioteca Nacional Manuscript 1187, «Gran conquista de Ultramar».* Spanish Series, 22. Madison: Hispanic Seminary of Medieval Studies, 1985.
Ward, Benedicta. *Miracles and the Medieval Mind.* Philadelphia: University of Pennsylvania Press, 1982.
Warren, Frederick M. «The Arabic Origin of *Galafre, Galienne,* and *Orable.*» *Modern Philology,* 27 (1929-30), 23-26.
Webber, Edwin J. «The *Ribaldo* as Literary Symbol.» *Florilegium Hispanicum: Medieval and Golden Age Studies Presented to Dorothy Clotelle Clarke,* ed. John S. Geary. Madison: Hispanic Seminary of Medieval Studies, 1983, 131-38.

Weber de Kurlat, Frida. «Estructura novelesca del *Amadís de Gaula.*» *Revista de Literaturas Modernas,* 5 (1966), 29-54.

Wenhold, Lucy Leinbach, ed. «*La Chanson des Chétifs:* An Old French Crusade Epic.» Tesis doctoral inédita, University of North Carolina, 1928.

Whipple, James R., ed. «*La gran conquista de Ultramar,* Book IV, Chapters 1-57, Critical Edition, A Study of the Old French Sources, Grammatical Analysis, and Glossary.» Tesis doctoral inédita, University of Michigan, 1973.

White, Hayden. *Metahistory: The Historical Imagination in Nineteenth Century Europe.* Baltimore: Johns Hopkins University Press, 1973; reimpr. 1983.

——, *Tropics of Discourse: Essays in Cultural Criticism.* Baltimore: Johns Hopkins University Press, 1978; reimpr. 1982.

——, *The Content of the Form: Narrative Discourse and Historical Representation.* Baltimore: Johns Hopkins University Press, 1987.

Wolff, Robert L. «Mortgage and Redemption of an Emperor's Son: Castile and the Latin Empire of Constantinople.» *Speculum,* 29 (1954), 45-84.

Zarco Cuevas, Julián. *Catálogo de los manuscritos castellanos de la Real Biblioteca de El Escorial,* II. Madrid: Imprenta Helénica, 1926.

Zumthor, Paul. *Essai de poétique médiévale.* Paris: Seuil, 1972.

INDICE

		Págs.
	Prefacio	11
	Introducción	13
I.	Historia y ficción	17
II.	Alfonso X y *La gran conquista de Ultramar*	25
III.	Un planteamiento muy épico	38
IV.	El advenimiento de los líderes	46
V.	Las aventuras del Caballero del Cisne	53
VI.	Las aventuras de Gudufré de Bullón	65
VII.	La decadencia de los líderes	80
VIII.	Un final poco épico	88
IX.	Civilización y barbarie	97
X.	*La gran conquista de Ultramar* y las novelas de caballería hispánicas	107
	Conclusión	120
	Apéndice I: Textos	127
	Apéndice II: Estudios	139
	Obras citadas y consultadas	147

OHIO UNIVERSITY LIBRARY

Please return this book as soon as you have finished with it. In order to avoid a fine it must be returned by the latest date stamped below. All books are subject to recall after two weeks or immediately if needed for reserve.

RETURNED BY:

JUN 0 5 1996

AUG 2 2 1996

MAR 1 0 1993